KB018903

내 아이를 위한 칼 비테 교육법

내 아이를 위한
칼 비테 교육법

이지성이 들려주는
칼 비테의 인문학 자녀교육법

차이
정원

차례

시대를 넘어선 아버지 칼 비테의 교육법
: 칼 비테는 누구인가

행복한 아이가 행복한 어른으로 자란다
: 행복이란 무엇인가

똑똑한 아이와 지혜로운 아이는 다르다
: 칼 비테의 인문고전 독서 교육법

생각하는 아이로 키우는 대화의 기술
: 칼 비테의 토론 교육법

지식 교육보다 더 중요한 세상과 관계 맺기
: 칼 비테의 인성 교육법

중심을 잡아주면 아이는 스스로 걷는다
: 칼 비테의 현실 교육법

부모의 자녀 교육은 사회를 바꾸는 힘이 있다
: 페스탈로치와 그 후예들은 칼 비테의 교육법을 어떻게 적용했는가

평범한 우리 아이도 천재가 될 수 있다
: 칼 비테 교육법을 어떻게 적용할 것인가

200년 후에도 변하지 않는 인문학 교육의 가치

세상은 정말 빠르게 변합니다. 아마 5년, 10년 후에 맞이할 세상은 지금과는 많이 다를 것입니다. 인공지능 시대가 가속화되고 인간의 역할이 달라져 있을 것입니다. 지금의 아이들은 우리가 상상도 하지 못한 세상에서 살아가게 되겠지요.

20년 전에도 마찬가지였습니다. 제가 대학에 들어갈 때는 전자공학과, 건축학과 등이 인기가 있었습니다. 졸업 후에 취직을 걱정할 필요가 없었으니까요. 당연히 공부를 잘하는 아이들이 그런 학과에 갔습니다. 하지만 지금은 달라졌습니다. 무엇을 전공하면 유망할지 전혀 예측할 수가 없어요. 우리는 이렇게 예측되지 않는 미래를 어떻게 대비해야 할까요?

역사서 중에는 제목이 '감鑑'으로 끝나는 것들이 많습니다. 《자치통감資治通鑑》이 대표적입니다. 여기서 감은 거울을 뜻합니다. 그렇다면 역사책 제목에 왜 거울 감 자를 붙였을까요? 역사책이 바로 거울이기 때문입니다. 왜 거울일까요? 과거를 들여다보니 미래가 보이더라는 말입니다. 그러니 앞으로 어떠한 시대가 다가올지 불안해하고 동요할 필요는 없습니다. 앞으로의 삶이 불안하다면 지나온 역사를 돌아보면 되니까요. 지금까지도 인류에게 영향을 미치는 위대한 고전들을 읽으며 미래를 대비하면 되는 것입니다.

자녀 교육을 문화로 받아들이는 시간

그렇다면 미래를 대비하기 위해 반드시 필요한 독서에 대해 조금 이야기해볼까요.

미국의 사립학교 도서관은 그 크기가 어마어마합니다. 소장 도서가 10만 권이 넘는 곳들도 있을 정도니까요. 웬만한 지역사회 도서관보다 더 크죠. 상류층이 사는 저택에도 엄청난 크기의 도서관이 있습니다. 그런데도 그들에게는 독서 교육이라는 말이 없다고 합니다. 유럽의 상류층이나 조선의 사대부 집안 역시 독서 교육이나 인문학 교육이라는 말을 쓰지 않았다고 합니다. 왜 그랬을까요? 그들에게 독서는 교육이 아니라 문화였기 때문입니다. 딱히 "인문학 책을 읽어야 한다." "플라톤을 읽어야 한다." "바흐를 들어야 한다."는 말을 할 필요가 없었습니다. 부모가 매일 책을 읽고 음악을 들었으니까요. 교육은 문화가 형성되지 않은 부자연스러운 환경에서 필요한 것입니다. 자동차에 대해 잘 알고 만들 수도 있는 사람이라면 굳이 자동차에 대해 교육받을 필요가 없습니다. 그 사람에게 자동차는 하나의 문화니까요. 마찬가지로 독서가 문화라면 굳이 교육할 필요는 없겠지요.

우리 중 대부분은 독서 문화나 인문학 문화를 접해본 경험이 없습니다. 기껏해야 학원에서 정리해준 요약집을 보듯 책을 읽었을 뿐입니다. 어떤 관점으로 책을 읽어야 하는지 스스로 고민하고 답을 찾기보다는 남들이 어떻게 읽었는지, 어떻게 읽는 것이 정답인지를 고민할 뿐이지요. 이렇게 수동적으로 책을 읽는 것은 진정한 의미의 독서가 아닙니다. TV 여행 프로그램을 보는 것과 같죠. 실제로 그곳에 가지 않고도 거기에 다녀온 사람보다 더 잘 안다고 착각하게 될 수도 있습니다. 이런 착각에 빠진 부모는 아이와 함께 책을 읽고 같이 토론을 해도 옳은 방향으로 이끌어줄 수가 없습니다. 차라리 아무것도 하지 않는 편이 낫습니다. 이런 예를 들어볼까요?

어느 날 아이 게가 자꾸만 옆으로 걷습니다. 부모 게가 깜짝 놀라 아이 게의 다리 힘을 키워주죠. 게 다리에 근육이 단단하게 생깁니다. 부모 게가 다시 한 번 아이 게를 걸어보게 합니다. 어떤 일이 벌어질까요? 아이 게는 더 빨리 옆으로 걷습니다. 우리의 교육 현실이 이렇습니다. 게가 앞으로 걸으려면 게의 상태를 벗어나야 합니다. 게의 상태로 다리 근육을 만든다면 오히려 곤란한 일만 생깁니다. 근육이 없을 때는 시속 5킬로미터로 걷던 아이 게가 다리 근육이 생긴 후로 시속 30킬로미터로 걷는다면 얼마나 위험하겠습니까.

어떻게 읽을 것인가

《내 아이를 위한 칼 비테 교육법》은 아이 게를 어떻게 게의 상태에서 벗어나게 해줄지를 가르쳐주는 책입니다. 얼핏 보면 그리 특별할 것도 없는 책입니다. 그냥 200년 전에 조기교육에 성공한 이야기 정도로 치부해버릴 수도 있습니다. 하지만 현미경을 대고 들여다보면 놀라운 사실이 펼쳐집니다. 당시 서양 아이들의 대부분은 열 살이 되면 성인과 똑같이 16시간 이상 중노동을 했습니다. 대개는 다섯 살 때부터 허드렛일을 했죠. 그런 까닭에 아이들이 일찍 죽었습니다. 평균 수명이 23세 정도였어요. 당시에는 지금과 같은 교육이 존재하지 않았습니다. 그러니까 칼 비테가 아이 교육을 시작할 때 다들 비웃었죠. 도대체 왜 그렇게 빨리 아이를 교육하느냐고요. 그래도 칼 비테는 굴하지 않고 아이를 교육해서 결국 천재로 키워냈습니다.

우리가 《칼 비테 교육법》을 읽는 이유는 단순히 그가 어떻게 아이를 교육했는지 알아보기 위해서가 아닙니다. 시대와 저자를 자세히 읽고 나를 어떻게 바꿀지를 생각해보기 위해서입니다. 그래서 칼 비테의 책을 읽기 전에 세 가지에 유의하라고 말씀드리고 싶습니다. 첫째, 칼 비테가 살았던 시대는 어땠는지 잘 살펴봐야 합니다. 둘째, 그 시대 배경 안에서 칼 비테가 어떤 생각을 가지고 어떤 행동을 했는지 알아봐야겠죠. 셋째, 우리는 어떤 미래를 만들어나갈 것인지 깊게 연구해봐야 합니다.

이 책을 통해 칼 비테의 교육관과 교육법에 흠뻑 빠져보고 여러분에게 어떤 변화의 계기가 생기기를 바랍니다. 결국 변화하지 않으면 아무 의미가 없으니까요.

시대를 넘어선 아버지
칼 비테의 교육법

: 칼 비테는 누구인가

• • •

칼 비테의 책에는 자신에 대한 소개가 거의 없습니다. 그저 목사라고만 되어 있죠. 그렇기에 우리는 칼 비테가 그저 평범한 부모라고 생각하고 넘어갑니다. 하지만 절대 그렇지 않습니다. 칼 비테는 우리의 상상을 뛰어넘는 인물이었습니다. 칼 비테가 누구인지 제대로 알아야 그가 아들에게 펼친 교육법을 제대로 받아들일 수 있겠죠. 여기서는 칼 비테가 누구인지, 그가 살았던 시대는 어땠는지 일단 그 배경부터 알아보겠습니다.

칼 비테 교육법이 처음인가요?

칼 비테는 19세기 독일의 유명한 천재 학자 칼 비테 주니어의 아버지입니다. 조기교육과 영재교육의 중요성을 일찍이 알고 실천한 사람이죠. 칼 비테의 아들 칼은 미숙아로 태어났습니다. 심지어 저능아라는 판정까지 받았습니다. 하지만 칼 비테의 철저한 교육으로 아홉 살에 6개 국어를 하게 되었고 열 살에 대학교에 입학한 것은 물론 열여섯 살에 법학대학 교수가 됩니다. 우리가 칼 비테에 대해 아는 것은 대략 이 정도입니다.

제가 칼 비테를 처음 만난 것은 초등학교 교사로 재직할 때였습니다. 학교 현장에서 아이들을 가르치면서 굉장히 의아했습니다. 왜 아이들이 배울수록 똑똑해지는 것이 아니라 바보가 되어가는지. 아이들은 학교에서, 학원에서 같은 내용을 수없이 반복해서 배웁니다. 하지만 배운 것을 설명해보라고 하면 제대로 말을 하지 못합니다. 그뿐만이 아닙니다. 상담을 해보면 다들 이구동성으로 불행하다고 말합니다. 그리고 부모를 아주 싫어하죠. 마찬가지로 부모도 이해되지 않았습니다. 학교에서 자녀 상담을 해보면 다들 약속한 듯이 아이들의 나쁜 점만 이야기합니다. 아이와 부모 사이에 대체 무슨 일이 일어났기에 서로에게 악감정을 갖고 있는 것일까요. 저는 무엇이 문제인지 알아내기 위해 교육서를 읽기 시작했습니다. 특별한 교육자들의 생각과 교육 방법을 알고 싶었던 거죠. 그러다 칼 비테를 알게 되었습니다. 아이의 잠재력을 믿고 온 마음을 다해 교육한 점이 대단히 감명 깊었습니다.

　제가 칼 비테를 알기 오래전부터 그는 교육계의 전설들에게 거대한 영향을 미쳤습니다. 대표적으로 독일의 프뢰벨, 미국의 스토너 부인, 이탈리아의 마리아 몬테소리 등이 칼 비테의 영향을 받았습니다. 프뢰벨은 칼 비테의 교육법을 기반으로 유치원을 창설했습니다. 스토너 부인은 《칼 비테 교육법》을 읽고 자신의 아이에게 적용했습니다. 그 결과 스토너 부인의 아들 역시 다섯 살에 8개 국어를 하게 되었다고 합니다. 한편 마리아 몬테소리는 당시 통제의 대상으로 여겨지던 어린이를 잠재력을 가진 인격체로 보고 눈높이에 맞는 교육을 주창했습니다.

　이렇게 《칼 비테 교육법》은 이미 오래전부터 세계 각국에서 활발하게 읽히고 있었습니다. 책이 출간된 이후 100여 년간 묻혀 있다가 하버드 대학교의 레오 위너 교수에게 재발견되어 전 세계의 스테디셀러로 자리 잡았다고 하지요.

　일본의 경우 1980년대에 이미 《칼 비테 교육법》을 읽는 사람들이 많았습니다. 중국은 2000년대에 들어서면서 《칼 비테 교육법》이 대중적으로 읽히기 시작했죠.

　하지만 《칼 비테 교육법》은 우리나라에는 그다지 많이 알려진 편이 아닙니다. 유아교육에 관심 있는 사람들 사이에만 알려진 정도지요. 우리가 아는 칼 비테는 아들을 천재로 키워낸 사람 정도에서 그치는 경우가 많습니다. 하지만 조금만 더 자세히 들여다보면 보다 놀라운 사실들을 발견할 수 있습니다.

우리가 모르는 칼 비테

우리가 모르는 칼 비테에 대해서 한번 알아볼까요? 칼 비테의 직업은 목사였습니다. 대한민국에서 목사가 되려면 신학 공부를 열심히 하면 됩니다. 목사는 종교인이지 지식인은 아닙니다. 목사는 교회를 이끌고 믿음을 이끌 뿐이지 정치나 교육을 이끌지는 않으니까요. 우리나라에서는 목사가 지극히 종교적인 존재입니다. 그렇다면 200년 전 독일의 목사는 어떤 존재였을까요?

그 시절의 목사는 종교인이자 지식인이었습니다. 오늘날로 따지면 대학 교수 이상의 지식인이었죠. 좀 더 구체적으로 목사라는 직업에 대해 당시 사람들이 어떤 인식을 가졌는지 책을 통해 알아보겠습니다. 바로 헤르만 헤세의 《수레바퀴 아래서》라는 책입니다. 헤세는 칼 비테가 세상을 떠난 해로부터 약 40년 뒤인 1877년에 태어났습니다.[칼 비테가 태어난 해는 1748~1831 또는 1767~1845로 두 가지 설이 있는데, 본서는 전자를 기준으로 하였습니다.] 헤세는 목사인 아버지 밑에서 자라 열네 살에 신학교에 입학했지요. 하지만 신학교의 기숙사 생활을 견디지 못하고 학교를 뛰쳐나와 자살 시도를 했습니다. 자살 시도는 실패하고 그는 다시 학교로 돌아갔지요. 하지만 결국 1년도 버티지 못하고 학교를 그만두게 됩니다. 이후 그는 문학 수업을 받고 위대한 작가가 됩니다. 헤세는 자신의 경험담을 《수레바퀴 아래서》에 담았습니다. 이 소설의 주인공은 한스 기벤라트입니다.

한스는 재능이 몹시 뛰어난 아이였기에 이미 장래가 결정된 것이나 다름없었습니다. 교사는 물론 이웃 사람들과 학교 친구들도 한스가 틀림없이 성직자 양성학교에 들어갈 것이라고 믿었던 거죠. 그다음에는 신학교를 거쳐서 설교대에 서거나 강단에 진출하는 탄탄대로가 펼쳐졌습니다. 이런 선택을 할 수 있는 학생들은 그리 많지 않았습니다. 주 전체에서 40~50명의 소년들만이 이런 평탄한 길로 들어설 수 있었습니다.

한스는 성직자 양성학교에 입학하기 위해 엄청나게 노력합니다. 한스의 일과는 치열한 사교육에 시달리는 우리나라 아이들 못지않았습니다. 오후 4시까지 수업을 받고 교장 선생님 댁에서 그리스어 수업을 받았습니다. 목사님에게 라틴어와 종교 수업을 받고 수학 과외도 따로 받았습니다. 정말 말만 들어도 숨이 찰 지경입니다. 도대체 한스는 왜 이렇게까지 목사가 되려고 했을까요?

당시 신학교에 들어가는 것은 최고의 출세 코스였습니다. 목사는 일반 서민에게 허락된 최고의 지위 가운데 하나였으니까요. 일단 신학교에 들어가면 바로 국가로부터 생활비를 보조받게 됩니다. 그러니 먹고 살기 어려운 시절에 얼마나 좋은 직업이었겠습니까.

그런데 눈치채셨습니까? 소설 속에서 한스에게 그리스어와 라틴어 수업을 해주는 사람이 동네 목사님과 교장 선생님이라는 사실 말입니다. 당시에는 시골 목사들도 그리스어와 라틴어를 기본적으로 구사했던 것이죠. 한스가 2등으로 시험에 합격한 후에는 히브리어까지 가르쳐주겠다고 말합니다. 시골 목사가 히브리어 실력까지 갖추고 있었던 것입니다.

이렇게 《수레바퀴 아래서》를 읽다 보면 당시 마을 목사들이 우리가 생각하는 목사들과는 사뭇 다른 존재라는 것을 알 수 있어요. 그러니까 칼 비테 역시 상당한 지식인 계층이었던 것입니다.

평범한 자녀를 천재로 키운 아버지

칼 비테는 52세에 결혼했습니다. 결혼이 많이 늦어진 요즘에도 52세는 굉장히 늦은 나이입니다. 게다가 지금으로부터 200년 전이라는 점을 감안하면 엄청나게 늦은 나이죠. 지금 기준으로는 거의 백 살에 결혼하는 것과 비슷한 느낌일 겁니다.

칼 비테에게 결혼의 목적은 하나님의 계획에 맞는 자녀를 키우는 것이었습니다. 정말 신앙심이 깊었던 칼 비테는 자녀가 부모의 것이 아니라 하나님의 것이라 굳게 믿었습니다. 그래서 아주 오랫동안 기도하고 또 기도하다가 중년이 되어서야 결혼한 것입니다. 다른 사람들은 부잣집 아가씨나 예쁜 아가씨를 찾았지만 칼 비테는 육신이 건강하고 내면이 아름다운 여자를 찾았습니다. 아버지의 첫 번째 임무는 자녀를 위해 좋은 엄마를 선택하는 것이라고 믿었기 때문입니다.

그러고는 아이가 태어나기 전부터 좋은 아버지가 되기 위해 열심히 준비했습니다. 아이가 태어나기도 전에 교육을 준비했던 것이죠. 칼 비테가 뛰어난 지적 능력을 지닌 사람이어서 가능한 일이었습니다. 칼 비테는 대를 잇거나 부모를 만족시키기 위해서 자녀가 희생되는 것을 원치 않았습니다. 대신 아이가 사회와 가정에 필요한 인재가 되도록 부모가 최선을 다해 교육해야 한다고 생각했죠.

마침내 그는 아이를 낳았습니다. 하지만 그 아이는 곧 병에 걸려 죽고 말았습니다. 바로 칼 비테 주니어의 형이었습니다. 칼 비테는 슬픔 속에서 새로운 깨달음을 얻었습니다. 조기교육뿐만 아니라 태교도 중요하다는 것을요. 그래서 그는 건강한 아이를 얻기 위해 체질을 개선했을 뿐만 아니라 임신한 아내를 편안하고 즐겁게 해주었습니다.

그리고 마침내 칼 비테 주니어가 태어났습니다. 칼 비테는 아들의 교육에 대해서도 확신이 가득했습니다. 처음 보는 사람에게도 "아들을 천재로 키울 것"이라고 자신 있게 말했습니다. 칼은 예정보다 일찍 태어났기 때문에 여러 면으로 부족해 보였습니다. 심지어 저능아 판정까지 받았죠. 그렇기에 칼 비테를 비웃는 사람도 많았습니다.

"칼이 천재가 되면 해가 서쪽에서 뜨겠소."

하지만 칼 비테는 절대 굴하지 않고 '자신 있다.'고 장담했습니다.

칼 비테의 아내에 대해서는 알려진 것이 많지 않습니다. 그저 평범한 여자라고만 알려져 있죠. 하지만 당시 기준으로는 절대 평범하지 않았던 것 같습니다. 칼 비테의 아내도 칼 비테처럼 목사 가정에서 자랐거든요. 칼 비테는 목사가 되기 위해 오랜 시간 깊이 있게 공부했지만 아내는 그렇게까지 공부하지는 않았겠죠. 하지만 당시 목사들이 히브리어, 그리스어, 라틴어를 자유자재로 구사했다는 사실을 고려하면 목사 가정에서는 기본적으로 그리스어, 히브리어, 라틴어 대화가 가능했으리라 짐작됩니다. 그런 가정에서 자란 칼 비테의 아내 역시 그런 언어를 구사할 수 있었을 것입니다. 목사인 칼 비테가 보기에는 평범한 여자였겠지만 사실은 지적 수준이 상당히 높은 여자였던 것입니다.

칼 비테 시대에 책은 주로 지식인들이 읽었습니다. 그래서 칼 비테는 자신의 책에서 자신을 굉장히 겸손하게 표현했을 것이고, 그러다 보니 아내 역시 지극히 평범하다고 썼던 것이 아닐까요. 그의 책에는 나오지 않지만 아마 칼 비테는 목사의 딸들 중에서 지적인 여자를 고르기 위해 늦은 나이까지 결혼을 미룬 것이 아닐까 추측해봅니다.

칼 비테는 진심을 다해 좋은 아버지가 되기 위해 노력했고 아들을 천재로 키워냈지만 모든 것이 완벽하지는 않습니다. 아들 칼 역시 자신을 훌륭하게 키워준 아버지를 존경했지만 때로는 불평불만을 늘어놓기도 했어요.

가령 칼 비테에게는 극단적인 면이 있었습니다. 그는 아들이 친구를 사귀는 것을 별로 좋아하지 않았죠. 물론 나름의 이유가 있었습니다. 아이들은 나쁜 친구들에게 금세 물든다는 것이었죠.

당시 독일의 농촌 마을은 먹고살기가 쉽지 않았습니다. 대기근도 일어나고 과격한 시위들도 많았습니다. 미래에 대한 희망이 없으면 사람들은 쉽게 타락하게 됩니다. 그렇다 보니 아이들도 도박을 하고 술을 마시는 일이 흔했습니다. 바르게 자라던 아이들이 그런 친구들에게 순식간에 물드는 것을 보면서 칼 비테는 아들이 친구를 사귀는 것을 막을 수밖에 없었죠.

하지만 아들은 아버지가 원망스러웠을 것입니다. 나쁜 친구들이라도 친하게 지내면서 좋은 사람으로 바꿀 수도 있을 텐데, 그리고 찾아보면 좋은 친구들도 있을 텐데 무작정 놀지 못하게 하니 아버지가 원망스러울 수밖에 없었을 겁니다.

또 하나, 칼 비테는 장난감을 사주는 대신 직접 만들어주었습니다. 물론 직접 만든 장난감이 더욱 좋은 교구일 수는 있습니다. 하지만 아이 입장에서는 파는 장난감이 얼마나 갖고 싶었겠습니까. 아마 칼 비테가 장난감을 거의 사주지 않은 것은 경제적으로 넉넉하지 않은 탓도 있었을 것입니다.

성장기에 각각의 발달 단계에서 충분히 욕구가 충족되지 않으면 훗날 성격이나 인격에 장애가 생길 수도 있다고 합니다. 가령 입양아들 중에는 정서적으로 불안한 사람들이 많다고 합니다. 활발히 기어 다녀야 하는 시기에 충분히 기어 다니지 못한 것이 훗날 정서적 결핍으로 나타나는 것이죠.

그런데 그 치료법은 아주 간단합니다. 다시 아기가 된 듯 클래식 음악을 틀어놓고 열심히 기어 다니는 것입니다. 어른이 기어 다닌다니, 조금 당황스럽기는 하지만 결핍을 치료하는 데는 더할 나위 없이 효과적이라고 합니다. 마찬가지로 장난감을 가지고 놀아야 하는 나이에 공부만 했던 아이들은 훗날 장난감을 가지고 놀게 해주면 치유가 된다고 합니다.

인간에게는 자연적인 발달 단계가 있고 각 단계마다 과제가 있습니다. 만일 그것을 충분히 경험하지 못한다면 성인이 되어서 결핍으로 나타납니다. 칼 비테는 그런 면까지는 미처 생각하지 못했던 모양입니다.

나는 어떤 부모인가

아이를 어떻게 교육할지 생각하기에 앞서 먼저 부모인 우리 스스로를 돌아보는 시간이 필요합니다. 세상이 보는 나의 모습을 봐야 하는 것이죠. 나는 칼 비테처럼 내공이 충실한 사람인가? 아니면 남의 흉내만 내는 사람인가? 여기에 대한 엄격한 평가가 있어야 합니다. 더 중요하게는 내 아이에게 나는 어떤 모습인지에 대해서도 진지하게 생각해보아야 합니다.

부모는 자신의 아이를 잘 안다고 생각하지만 사실 그렇지 않습니다. 아이가 자신을 어떻게 생각하는지도 전혀 예상하지 못하죠. 대부분은 아이들이 자신을 좋아할 거라고 생각합니다. 그런데 그렇지 않은 경우도 많습니다. 그나마 아이들이 어릴 때는 부모를 세상의 전부라고 생각하죠. 그러나 아이들은 빠르게 성장합니다. 하지만 부모는 아이의 성장을 눈치채지 못하고 아이가 여전히 순수하게 부모를 좋아할 거라고 착각합니다.

제가 초등학교 교사를 하던 시절을 떠올려보면 아이들은 부모들이 모르는 다른 인격을 간직하고 있었습니다. 특히 남학생보다 여학생이 그랬습니다. 남학생들은 부모에 대해 써보라고 하면 부모님이 좋다, 또는 싫다라고 단순하게 썼습니다. 아무리 길어봐야 반쪽을 넘어가지 못했습니다. 하지만 여학생들의 경우 금세 종이 한 장을 채웠습니다. 특히 조숙한 여자아이들이 친구들과 돌려보는 비밀 일기장에는 처음부터 끝까지 엄마 욕으로 뒤덮인 경우도 있었습니다. 부모님은 전혀 그 사실을 모르죠.

그런데 아이가 바라보는 나의 모습을 전혀 모른다면 교육은 전부 헛것입니다. 관계가 좋지 않으면 신뢰 회복이 우선입니다. 그러므로 아이의 교육에 대해 생각해보기 전에 우선 나는 어떤 사람인지부터 돌아봐야 합니다. 아이는 나를 어떻게 생각하는지, 아이의 눈에 비친 나의 모습은 어떤지를 찬찬히 되새겨보는 거죠. 어떤 모습이든 실망하거나 좌절할 필요는 없습니다. 아이를 알고 나를 아는 데서부터 진정한 교육이 시작되니까요.

칼 비테 주니어가 태어난 시대

칼 비테는 1748년에 태어나 1831년에 세상을 떠났습니다. 우리나라의 영·정조 시대였습니다. 조선의 르네상스가 빛을 발하다 꺼지는 때였습니다. 칼 비테가 태어난 1748년은 조선이 일본에 통신사를 파견하고 프랑스의 몽테스키외가 삼권분립의 원칙을 설파한 《법의 정신》을 출간한 해입니다. 서양에 민주주의가 정착되면서 집단에서 개인을 발견한 때입니다. 산업혁명의 시대이기도 했죠. 산업혁명의 시대에는 어린아이들도 공장에 가서 일을 해야 했습니다. 아동학대도 심했고 공장에서 죽어가는 아이들도 많았죠. 탄광에 팔려가는 아이들도 많았고요.

칼 비테의 아들 칼 비테 주니어는 1800년에 태어나 1883년에 사망했습니다. 근대의 마지막 시기였습니다. 격동의 시기에 태어난 칼 비테 주니어는 한편으로 운이 좋은 아이였습니다. 다른 아이들은 여섯 살만 되면 술집 같은 곳에서 허드렛일을 돕거나 심부름을 해야 했지만 칼 비테 주니어는 조기교육에 눈뜬 아버지 덕분에 일을 하지 않고 훌륭한 교육을 받았으니까요.

당시 독일은 몰락하고 있었습니다. 프로이센 군대가 나폴레옹 군대에게 처참하게 패하고 나라에는 희망이 사라졌죠. 칼 비테는 몰락의 기운이 가득한 나라의 시골 마을에서 살고 있었습니다. 한편으로 자괴감이 들었을지도 모르겠습니다. 이런 나라에서 아이가 태어난 것에 열패감을 가졌을 수도 있습니다. 하지만 그 상황에서도 칼 비테는 교육에 모든 것을 걸었습니다. 칼 비테는 아이를 제대로 가르친다면 유럽 초강대국에서 최고의 교육을 받은 아이보다 훌륭해질 것이라는 자신감이 있었습니다. 아이가 모든 것을 바꿀 수도 있다고 기대했던 것입니다.

칼 비테 주니어는 객관적으로 조금 모자란 아이였습니다. 그런 아이를 보면서도 칼 비테는 믿음을 가졌습니다. 아들에 대한 자신감과 믿음이 바로 칼 비테 교육법의 핵심이 아니었나 싶습니다. 그런 믿음이 칼 비테 주니어를 최고로 키우는 데 한몫했던 거죠.

서양 최초로 국민교육을 실시한 나라

독일은 서양 최초로 국민교육을 실시한 나라였습니다. 교육의 목적은
국가에 충성하는 국민을 만드는 것이었습니다. 아무런 불평 없이 국가
를 위해 온몸을 바치는 국민 말이에요. 그래서 아이들은 수업 시간에
질문을 할 수 없었고 규칙대로만 행동해야 했습니다. 비판 능력을 상실
하게 하고 공장처럼 일꾼을 찍어내는 것이 교육의 목적이었습니다. 한
마디로 프로이센의 교육은 입력 받은 대로만 움직이는 로봇을 만드는
것이었습니다.

이런 교육 방식은 효과를 거두어서 이후 워털루 전투에서 웰링턴 장
군이 승리하는 데 프로이센 군대가 결정적인 역할을 합니다. 이 사건
은 유럽과 미국을 경악시켰습니다. 특히 미국이 많은 충격을 받았죠.
당시 유럽에 비해 매우 처져 있던 미국은 얼른 발전하기 위해 프로이
센의 교육제도를 따라야 한다고 생각하게 됩니다. 1814년부터 1900년
까지 5만 명 이상의 지식인들이 프로이센에 가서 1만여 명이 박사 학
위를 받아옵니다. 그리고 그들이 프로이센의 교육제도를 그대로 따라
미국의 교육제도를 만들게 됩니다. 중하류층을 위한 공립학교가 바로
그것이었습니다.

그렇다면 다른 나라의 모범이 되었던 프로이센 교육은 결국 어떻게

되었을까요? 히틀러의 등장과 함께 철저히 망하게 됩니다. 인문학적인 토론이나 성찰 없이 엘리트 교육에만 집중했던 것이 원인이었습니다. 성찰 없이 지식만 쌓는 교육은 대단히 위험합니다. 지난 정권에서 우리나라를 혼란에 빠뜨린 사람들도 전부 일류 대학을 우수한 성적으로 졸업한 사람들이었습니다. 나의 행동이 우리나라와 다른 사람들에게 어떤 영향을 끼칠지에 대한 진지한 사고가 부족했던 것입니다.

그렇다면 미국은 왜 망하지 않고 오히려 부강한 나라로 발전했을까요? 미국은 프로이센의 교육제도를 받아들인 대신 중하류층과 상류층의 교육 방식을 차별화했습니다. 중하류층에게는 주어진 일을 제대로 하도록 교육한 반면 상류층에게는 깊이 있는 인문학 교육을 실시했던 것이죠.

다시 칼 비테의 이야기로 돌아가 보겠습니다. 칼 비테는 당시 독일 학교를 '무능력한 사람들이 교사라는 이름으로 집합해 있는 곳'이라고 했습니다. 당시 프로이센의 교사는 비록 경제적으로는 중하류층이었어도 사회적으로는 중상류층에 속하는 사람들이었습니다. 하지만 칼 비테의 기준에는 크게 미치지 못하는 무능력한 수준이었습니다.

칼 비테는 '학교는 지식을 파는 소매점으로서 강압적인 교육과정을 따르는 학생들을 대량으로 생산한다'고 했습니다. 평범한 학생들은 무능력한 양 떼에 불과하며, 사회가 만들어놓은 기득권의 틀에서 수탈당하는 바보로 살아가게 된다고 했죠. 또한 부모가 지출한 비용에 비해 비효율적인 교육이 이루어지고 있다고 했습니다.

왠지 마음이 불편해지죠? 현재 한국 사회에 대입해도 꼭 들어맞는 이야기이기 때문입니다.

내 아이를 위한 교육 철학이 있나요?

칼 비테는 독일 교육의 병폐를 정확히 진단했습니다. 그래서 그것을 극복하기 위해 인문고전 가운데 교육에 관한 부분을 읽고 연구했습니다. 특히 그리스와 로마의 인문학 교육을 많이 참조했습니다. 그리고 자신만의 교육 사상을 만들었습니다. 그리스와 로마의 천재들을 분석해서 그들이 어릴 때부터 인문학 교육을 철저하게 받았다는 공통점을 찾아냈습니다. 그리고 그 방법을 자신의 아이에게 그대로 적용하기로 했습니다.

반면 루소는 천재는 태어나는 거라고 생각했습니다. 그래서일까요? 루소는 황당하게도 자기 자식을 고아원에 맡겨버립니다. 천재로 태어났다면 어디에서든 천재로 자랄 거라고 생각한 거죠. 루소의 《에밀》에 따르면 한 어미에게서 태어난 강아지들이 같은 곳에서 교육받아도 결과는 다르다고 합니다. 어떤 강아지는 천성적으로 똑똑하고 예민한 반면 어떤 강아지는 멍청하고 둔하기 때문이라고 했습니다.

페스탈로치는 조금 다릅니다. 부족한 아이라도 제대로 교육받으면 훌륭하게 자란다고 믿었습니다. 쌍둥이 망아지 가운데 똑똑한 농부에게 보내진 망아지는 명마가 되는 반면 가난한 농부에게 보내진 망아지는 돈벌이에 이용되는 보잘것없는 마바리가 된다는 것입니다. 페스탈로치가 이런 생각을 가졌던 것은 사상가 엘베시우스 덕분이었습니다. 엘베시우스는 사람은 누구나 똑같이 태어난다고 주장했습니다. 다만 어떤 환경에서 자랐는가에 따라 어떤 사람은 천재나 영재가 되는 반면 어떤 사람은 평범한 사람, 심지어 바보가 된다고 했습니다.

칼 비테는 기본적으로 엘베시우스의 의견에 동감했습니다. 아무리 지적으로 떨어지는 아이라도 조기교육을 통해 천재로 만들 수 있다고 믿었습니다. 하지만 엘베시우스와는 조금 다른 점이 있었습니다. 아이의 성장에 환경이 중요한 것은 맞지만 개인의 능력에도 분명 차이가 있다는 것이었죠. 비범한 아이의 재능을 100, 바보의 재능을 1, 평범한 아이의 재능을 50이라고 할 경우 교육으로 잠재력을 계발하면 평범한 아이도 80의 재능을 발휘할 수 있다고 생각했습니다. 80의 재능을 가진 아이가 같은 교육을 받으면 100의 재능을 발휘하게 된다는 것이었습니다. 그는 하루 종일이 아니라 두세 시간만 공부하면 충분하다고 했습니다. 고통과 인내가 아니라 기쁨과 즐거움으로 이루어지는 교육이었죠. 이런 생각을 토대로 칼 비테는 아이의 재능을 키워줘야겠다고 결심합니다. 그러기 위해서 아이가 어떤 재능이 있는지, 무엇을 잘하는지 깊이 있게 관찰했습니다.

칼 비테는 정말 대단한 사람이었습니다. 위대한 교육 사상가들의 이론을 소화하여 자신의 아이에게 맞추어 자신만의 천재론을 만들었으니까요. 그는 이와 같은 과정을 통해 결국 독일 주류 이론의 한계를 뛰어넘은 교육을 할 수 있었습니다.

우리나라 교육은 정말 나쁜가

한국 교육의 병폐에 대해 보다 진지한 접근이 필요합니다. 다들 나쁘다고 하니, 정말 나쁜가 보다라고 생각할 것이 아니라 왜 나쁜가를 정확하게 알아야 합니다.

지금 한국 교육의 뿌리는 어디에서부터 시작되었을까요? 일제강점기였던 1910년의 조선교육령에서 시작합니다. 일본은 프로이센의 교육제도, 즉 국민을 지배자에게 무조건 복종하게 만드는 학교제도를 그대로 수입해 당시 식민통치를 받던 우리나라에 적용했습니다. 그때의 교육제도가 지금까지 이어지는 것이지요. 시대가 이렇게 변했는데도 학교는 거의 변한 것이 없습니다. 선생님들은 명령하고 학생들은 복종합니다. 학교에서 시키는 것을 잘하는 아이들이 가장 뛰어난 아이들로 분류됩니다. 선생님이 일방적으로 전달하는 지식을 외워서 그대로 쓰는 아이들이 좋은 점수를 받습니다. 그런 풍토가 계속 이어지고 있습니다.

그렇다면 교육 선진국의 교육제도를 알아볼까요?

핀란드의 교육은 세계에서도 훌륭하기로 손꼽히죠. 학생들은 자신의 수준에 맞는 문제를 선택하고 그룹으로 토론합니다. 성적과는 상관없이 아이들이 공부에 흥미를 잃지 않습니다. 잘하는 학생에게 관심을 쏟는 것이 아니라 못하는 학생을 격려하는 시스템이죠. 학교에 대한 평가도 우리와는 조금 다릅니다. 우수한 학생이 많은 학교가 아니라 못하는 학생이 적은 학교가 좋은 학교로 분류됩니다. 아이 한 명 한 명을 소중하게 여기고 누구도 낙오시켜서는 안 된다는 국가적인 방침에 따라 이런 교육이 이루어지는 것입니다.

하지만 핀란드 교육이 좋다고 해서 그냥 받아들여도 될까요? 기본적으로 핀란드는 학력 사회가 아닙니다. 대학에 가는 아이나 직업학교에 가는 아이의 비율이 거의 비슷합니다. 사회 자체가 학력보다 실력을 우선시하는 분위기입니다. 실력이 있다면 대학을 나왔든 나오지 않았든 대우가 다르지 않습니다. 직업에 따라 사람을 평가하지도 않습니다. 대학에는 서열도 존재하지 않습니다. 정말 우리나라와는 사회 분위기가 굉장히 다릅니다.

원래 핀란드 교육에도 문제가 많았습니다. 우리나라처럼 주입식 위주의 교육이 실시되었죠. 그들은 교육을 바꾸기 위해 무려 35년에 걸친 장기적인 계획을 세웠습니다. 정권이 바뀌면 제도가 계속 바뀌는 우리나라의 현실과는 너무 다릅니다.

이미 세계 최고인데도 계속 변화하고 발전하려는 시도를 멈추지 않습니다. 핀란드는 앞으로 수학, 물리, 역사 등의 과목 구분을 없애기로 했습니다. 과거의 교육 방식을 버리고 과목 대신 '코스'의 개념을 도입했습니다. 디지털 사회에서는 교육 시스템도 달라져야 한다는 것이죠. 지식을 습득하고 암기하기보다 지식을 응용하고 사회와 소통하는 능력이 중요해지는 이 시점에 상당히 의미 있는 변화인 셈입니다.

세계 최고의 교육 국가에서도 시대에 맞게 변화를 꾀하는데, 우리는 여전히 주입식 교육을 탈피하지 못하고 있는 것이 안타깝기만 합니다. 일정한 나이가 되면 고민 없이 학원에 앉아 밤늦게까지 문제를 푸는 것이 상식처럼 여겨지는 것은 정말 큰 문제입니다.

어떤 식으로 교육 개혁을 이루어야 할지, 사회구조를 어떻게 바꾸어야 할지 정말 많이 고민하고 다 같이 노력해야 합니다. 그러지 않으면 우리 아이들은 계속 불행한 유년 시절을 보내야 할 테니까요.

2강

행복한 아이가
행복한 어른으로 자란다

: 행복이란 무엇인가

· · ·

칼 비테 교육법이 그 당시 열광적인 지지를 받았던 것은 아이를 행복한 천재로 만들었기 때문입니다. 당시 천재를 만드는 교육은 모두 아이를 고통 속에 밀어 넣었습니다. 칼 비테 주니어와 비슷한 교육을 받았던 존 스튜어트 밀은 하루에 열 시간씩 공부했다고 전해집니다. 그런 극심한 고통을 이겨내야 비로소 리더 가 될 수 있다는 생각이 퍼져 있었던 거죠. 그런 환경에서 칼 비테는 어떻게 아 이를 행복하게 교육할 수 있었을까요? 여기에서는 자녀 교육에서 놓치기 쉬운 행복에 대해 이야기해보겠습니다.

200년 전 독일 사회의 두 가지 행복

여러분에게 질문을 던지고 싶습니다. 여러분이 생각하는 행복은 무엇인가요? 21세기 자본주의 시대를 지나고 있는 한국 사회에서 우리가 찾고자 하는 행복은 무엇일까요?

여러 가지가 있겠죠. 가족이 건강하고, 원하는 일을 하고, 경제적으로 여유로웠으면 좋겠다. 이런 것들이 행복의 조건으로 꼽힐 수 있겠지요. 어찌 보면 조금 세속적이고 물질적으로 보입니다. 하지만 나쁘다고 할 수는 없습니다. 저도 그런 행복을 추구하거든요. 앞서 말한 모든 것이 갖추어졌다고 해서 반드시 행복한 것은 아니지만 그중 하나라도 심각하게 결핍되면 행복해지기 쉽지 않습니다.

그렇다면 조선시대에는 무엇이 행복의 조건으로 꼽혔을까요? 양반 계급은 과거에 급제하는 것, 건강하게 오래 사는 것, 그리고 부모님이 건강하신 것이 행복의 조건이었을 겁니다. 평민은 가족이 건강하고 매일 배불리 먹으면 행복하다고 생각했을 것입니다. 이렇게 행복의 기준은 시대마다 개인마다 달라집니다.

그렇다면 궁금해지네요. 칼 비테가 살았던 200년 전에는 무엇을 행복이라고 했을까요? 어떤 사람을 행복하다고 했을까요?

■ 성서에서 말하는 행복

200년 전의 프로이센을 한번 엿보겠습니다. 어떤 기록을 찾아보면 이런 장면이 나옵니다. 부활절에 한 신사가 시골 마을을 걸어갑니다. 들판에서 무를 뽑던 아낙네가 신사에게 묻죠.

"어디 가세요?"

"행복을 찾아 갑니다."

"대체 어디로요?"

"그거야 모르죠. 어쨌든 저는 행복을 찾아 갑니다."

"아니, 오늘 주님이 부활하신 날인데 이보다 큰 행복이 어디 있겠어요?"

이런 이야기를 통해 당시 독일 사회에 널리 퍼졌던 행복의 조건을 유추해볼 수 있습니다. 당시 독일 사회에서는 종교적인 행복을 중시했습니다. 하나님을 아는 삶, 그것이 바로 행복한 삶이었습니다.

목사에게 가장 큰 행복은 자신의 신앙을 위해 순교하는 것이었습니다. 지금도 믿음이 강한 목사님들은 아프리카 오지 같은 곳에서 복음을 전하다가 죽고 싶다는 말을 하죠. 그런데 200년 전의 독일 사회에서는 이런 종교적인 행복이야말로 일반적인 목사들의 행복이었습니다.

그러면 이제 종교적인 행복을 좀 더 깊이 파고들어 볼까요? 그러려면 기독교의 기본 경전인 성경을 펼쳐야 합니다. 성경에서 말하는 행복은 물질적인 것이 아닙니다. 예수 그리스도를 알게 되는 행복이죠. 사도 바울이 말한 행복이기도 합니다.

사도 바울은 유대 최고의 인문학자인 가마리엘의 수제자였습니다. 그는 하나님을 열심히 믿었지만 예수를 하나님의 아들이 아닌 목수의 아들로만 생각했죠. 그런데 예수가 스스로를 하나님의 아들이라고 하니 그를 이단이라고 생각하게 됩니다. 십계명의 "여호와의 이름을 망령되이 일컫지 말라"에 반하는 신성모독이라고 생각했습니다. 그래서 그는 기독교인들을 잡아서 고문하고 죽이는 일에 앞장섰습니다. 기독교 최초의 순교자인 스데반을 돌로 쳐 죽이라고도 했죠. 어느 날 그는 기독교인을 잡아오기 위해 다메섹으로 가다가 예수의 음성을 듣게 됩니다. "사울아, 네가 어찌하여 나를 핍박하느냐."

그제야 사울은 예수가 구약에서 예언한 메시아임을 알아보고 회개하게 됩니다. 또 이름을 바울로 바꾸게 됩니다. 이 사건을 '사도 바울의 회심'이라고 부릅니다. 이 이야기는 루벤스, 렘브란트, 카라바조 등 여러 화가들에게 영감을 주게 됩니다. 그러니 이 일화는 종교적인 차원을 넘어 인문학과 예술의 관점에서도 바라봐야 합니다.

이후 바울은 완전히 변했습니다. 박해자의 신분에서 벗어나 열렬한 그리스도교 신자로 변신했던 것이죠. 바울은 광야를 떠돌면서 부활한 예수 그리스도에게 매일매일 계시를 받습니다. 그렇게 바울은 예수의 사도가 됩니다. 이후 사도 바울은 돌이나 채찍에 맞고 감옥에 갇히면서도 복음을 전하게 됩니다. 마침내 그는 지하 감옥에서 사형당한 날만 기다리며 제자에게 편지를 씁니다. 그런데 이 편지들은 '슬픔의 편지'가 아니라 '기쁨의 편지'라고 불립니다. 왜 죽음 앞에서 남긴 편지를 기뿜의 편지라고 할까요?

사도 바울은 감옥에서도 진정으로 행복했거든요. 여기에서의 행복은 성경에서 말하는 행복입니다. 바로 예수 그리스도를 알게 되는 기쁨이죠. 다른 사람이 보기에는 비참하게 목이 잘리는 것처럼 보이겠지만 그것은 천국에 가기 전에 거쳐야 하는 영광의 문이라는 겁니다. 이 과정을 거치고 나면 천국의 가장 좋은 자리로 갈 수 있다는 믿음이 사도 바울에게는 있었습니다. 그래서 그는 온 우주에서 자신이 가장 행복한 사람이 되리라고 확신합니다. 내 안에 있는 예수 그리스도처럼 살았기에 가능한 행복이었습니다. 한마디로 예수를 알고 그를 위해 목숨을 바치는 삶이 성경에서 말하는 행복이었습니다.

그런데 사도 바울이 복음을 전하고 마침내 순교한 곳은 당시 세계 최고의 패권 국가였던 로마 제국이었습니다. 로마 제국은 황제에 대한 숭배를 거부하는 기독교인을 조직적으로 박해했고 기독교인들은 이를 피해 지하 무덤인 카타콤에서 예배를 드렸습니다. 이후 끈질기게 살아남은 기독교가 로마 제국의 공인을 받으면서 서양의 중세가 시작됩니다. 사도 바울은 오늘날의 선교사처럼 단순히 전도를 했던 것이 아니라 인류 역사에 거대한 영향을 미쳤던 것입니다. 한마디로 서양사 자체를 바꿨던 것입니다. 기독교가 공인된 이후 서양의 문학, 철학, 역사, 음악, 미술, 건축 등 모든 것이 기독교 문명을 바탕으로 발전하게 됩니다. 그래서 기독교에서 말하는 행복은 인문학적인 행복과 긴밀하게 연결될 수밖에 없었습니다.

■ 인문학적인 행복

인문학적인 행복은 스토아학파가 말하는 행복의 개념과 비슷합니다. 철학자 제논이 만든 스토아학파는 세속적인 행복을 멀리했습니다. 세속적인 행복이 오히려 진정한 행복에 방해가 된다고 여겼던 것이죠. 안락과 풍요는 정신의 행복을 해치는 악의 근원이라고 생각했습니다. 그러니까 이런 세속적인 행복을 절제해야 진정한 행복에 도달할 수 있다는 것입니다.

스토아학파의 행복을 가장 잘 보여주는 인물이 철학자 에픽테토스입니다. 그는 노예로 태어났습니다. 그의 주인은 아주 못된 사람이었죠. 어쩌면 노예가 지나치게 행복해 보여서 더 못되게 굴었는지도 모르겠습니다. 그러나 에픽테토스는 어떤 상황에서도 절대로 화를 내지 않았습니다. 하루는 주인이 에픽테토스의 팔을 잡아 비틀었습니다. 그러자 에픽테토스가 웃으며 말했습니다.

"주인님, 그렇게 비틀면 제 팔이 부러집니다."

주인은 너무나 화가 났습니다. 팔을 비트는데도 화를 내지 않으니 참을 수가 없었던 것입니다. 그래서 주인은 더욱 세게 에픽테토스의 팔을 비틀었습니다. 그런데도 에픽테토스는 화를 내지 않았습니다. 그저 웃을 뿐이었죠. 결국 주인은 젖 먹던 힘까지 짜내 에픽테토스의 팔을 부러뜨렸습니다. 그 순간 에픽테토스가 말합니다.

"계속 비틀면 제 팔이 부러진다고 했잖아요."

결국 주인은 에픽테토스에게 감명받아 그의 제자가 됩니다.

스토아학파의 행복이란 이런 것이었습니다. 우주의 인과관계와 자연법칙을 깨닫고 어떠한 상황에서도 동요되지 않는 상태. 모든 욕구와 고통을 이겨내는 상태.

소크라테스의 행복도 비슷합니다. 소크라테스는 죽으면서도 자신이 행복하다고 말했습니다. 진리를 위해 죽는 것이 행복하다고 했죠.

이런 행복관은 위대한 대왕 알렉산드로스에게도 영향을 미칩니다. 스무 살에 왕위에 오른 알렉산드로스는 그야말로 야심만만했습니다. 그는 아버지의 뜻에 따라 마케도니아를 세계 제일의 나라로 만들겠다고 마음먹고 그리스, 페르시아, 인도에 이르는 대제국을 건설합니다. 알렉산드로스 대왕은 거칠 것이 없었고 세상 모든 사람들이 그에게 고개를 조아렸죠. 수많은 명사들이 알렉산드로스 대왕을 찾아와 인사를 했지만 철학자인 디오게네스는 찾아오지 않았습니다. 알렉산드로스는 신하들에게 디오게네스를 데려오라고 하죠. 하지만 디오게네스는 말을 듣지 않습니다. 참다못한 알렉산드로스 대왕이 직접 그를 찾아가게 됩니다. 하지만 거지꼴의 디오게네스는 알렉산드로스 대왕을 무심히 대합니다. 그래도 알렉산드로스 대왕은 이렇게 묻습니다.

"무엇이든 갖고 싶은 것이 있으면 말해보시오."

"제가 원하는 것이 하나 있습니다. 지금 있는 자리에서 조금 비켜주시지 않겠습니까? 당신이 태양을 가리고 있어 그늘이 지는군요."

알렉산드로스는 디오게네스의 말에 큰 깨달음을 얻게 됩니다. 그는 자신의 관에 구멍을 내서 자신의 손이 밖으로 보이게 했습니다. 아무리 가진 것이 많은 자라도 죽어서는 결국 빈손이라는 것을 보여주고 싶었던 것입니다.

스토아학파의 행복론은 대표적인 스토아학파 철학자인 마르쿠스 아우렐리우스의 《명상록》에 제대로 정리되어 있습니다. 내가 언젠가 죽는다는 사실을 알고 최선을 다해 살아가는 것, 돈을 벌었다거나 망했다거나 병이 들었다거나 건강하다고 해서 마음이 흔들리지 않는 것, 그런 마음의 상태를 행복이라고 했습니다. 그리고 정말 중요한 말을 들려줍니다. 진짜 행복은 마음속에 있다는 것이죠.

어쩔 수가 없는 것은 그대로 내버려두세요. 불행이 닥쳤을 때도 '이런 일이 벌어지다니 나는 정말 불행해.'라고 생각할 것이 아니라 '이런 일을 당했는데도 고통을 겪지 않았고 현재의 불운에도 망가지지 않았으며 미래의 고통도 두렵지 않아. 나야말로 행운아야.'라고 생각하라는 것입니다. 우리를 행복이나 불행으로 인도하는 것은 운명이 아니라 그것을 받아들이는 우리의 태도라는 것이죠. 그러니 담대하고 초연하게 운명을 받아들이라고 말하고 있습니다.

이 행복론은 커다란 울림을 줍니다. 우리도 아이에게 이런 행복을 가르쳐야 하지 않을까요? 세속적이고 물질적인 행복에 초점을 맞추면 금세 불행해집니다. 그렇기에 정신적인 행복을 추구해야 합니다. 돈을 많이 벌었다고 기뻐하지 않고 망했다고 슬퍼하지 않는 것이야말로 인문학에서 말하는 행복이니까요.

부모가 먼저 행복해야 한다

제 아내는 선수 시절 세계 대회에서 1위를 여러 차례 했을 뿐만 아니라 세계 여자 당구 랭킹 3위에까지 올랐던 눈부신 성적을 보유하고 있습니다. 10대와 20대 시절에 혹독하게 훈련했기에 그렇게 뛰어난 성적을 거둘 수 있었던 것입니다. 대신 틈날 때마다 연습을 하느라 맘껏 놀았던 경험이 거의 없다고 하더군요. 그나마 좋았던 기억이라고는 경기를 하러 외국에 갔다가 잠시 야시장에 들러 이것저것 구경했던 것, 가족과 함께 펜션에 놀러 갔던 것 정도라고 했습니다.

저는 아내의 이야기를 들으면서 온통 훈련으로만 채워진 어린 시절이 안쓰러웠습니다. 그 상태에서 아이를 키우면 안 되겠다는 생각도 들었습니다. 물론 아내는 자신이 불행하다고 생각하지 않습니다. 실제로 아내는 노력의 결과물을 이루었으니 행복한 사람입니다. 하지만 저는 아내가 다양한 삶의 기쁨을 모르는 것이 안타까웠습니다.

그래서 요즈음 시간이 있을 때마다 예술을 많이 접하고 여행을 자주 떠나라고 아내에게 말해주곤 합니다. 부모가 예술, 자연, 나눔이 주는 행복을 알지 못하면 아이를 아무리 잘 교육한다고 해도 아이를 행복하게 해줄 수 없습니다.

칼 비테는 말하죠. "아이를 행복하게 키우려면 부모가 행복한 사람이 되어야 한다. 부모가 불행한 상태에서 아이를 가르치면 아이에게 불행해지는 법을 가르치는 것과 같다." 이게 칼 비테의 핵심 메시지입니다. 부모가 먼저 행복해야 아이도 그 이상으로 행복할 수 있습니다.

인생의 즐거움을 아는 아이로 키워라

칼 비테는 당시 사람들이 생각하기에 조금 황당한 이야기를 했습니다. 바로 공부는 놀이라고 했던 것입니다. 또한 즐거운 것이라고도 했죠. 그는 공부를 그렇게 오래할 필요도 없다고 했습니다. 실제로도 아들에게 하루 두 시간만 공부를 하게 했고요. 혹시라도 흥미로운 주제가 나와 공부가 너무 재미있어도 세 시간을 넘게 하지 않았습니다.

칼이 신동이라는 소문을 듣고 칼 비테의 친구가 찾아온 적이 있습니다. 그는 유명한 교육가였습니다. 그는 자기 학교의 학생들이 하루에 일고여덟 시간씩 공부한다면서 칼은 당연히 그보다 더 오랫동안 공부할 거라고 말합니다. 하지만 칼 비테는 아들이 하루에 두세 시간밖에 공부하지 않는다고 말하죠. 친구는 깜짝 놀랍니다. 그렇게 잠깐 공부를 하고도 어린 나이에 6개 국어를 하는 것은 물론 역사, 지리, 식물학, 수학에까지 정통한 것이 가능한 일이냐고 되묻습니다. 친구는 칼에게 다시 한 번 묻습니다. 정말 하루에 두세 시간밖에 공부하지 않는지. 칼을 통해 그것이 사실이라는 것을 확인한 친구는 점점 더 미심쩍은 표정을 짓습니다.

칼 비테가 생각하는 것은 다음과 같았어요. 많은 사람들이 오랜 시간 공부할수록 많은 것을 배울 수 있다고 생각하지만 중요한 것은 얼마나 이해하느냐라고. 아이의 나이를 고려하지 않고 오랜 시간 학습을 시키면 오히려 스트레스만 쌓일 뿐이라고 생각했습니다. 칼 비테는 어린 칼에게 책도 많이 읽히지 않았습니다.

칼 비테는 어린아이에게는 공부든 독서든 15분이면 충분하다고 했습니다. 그 이상 책을 읽거나 공부를 하면 뇌가 피곤해지니까요. 칼 비테는 아들이 학문에만 시간을 쏟기보다는 인생의 즐거움도 알기를 바랐습니다. 그 무엇도 인생이 주는 즐거움과는 바꿀 수 없다고 생각했던 것이죠.

칼은 훗날 어린 시절을 회상하면서 자신이 했던 공부는 모두 자기가 좋아서 스스로 선택한 것이라고 밝혔습니다. 칼에게는 지식의 즐거움이야말로 인생의 가장 큰 즐거움이었던 것입니다.

칼 비테는 말합니다.

"아이는 행복해야 한다."

칼 비테 주니어도 말합니다.

"나는 행복했다."

그렇게 놀라운 학문적인 업적을 세우고도 고통스러운 대신 행복하다니 정말 부럽기도 하고 놀랍기도 합니다. 그런데 여기서 짚고 넘어갈 것이 있습니다. 과연 칼 비테가 말하는 행복이란 무엇이었을까요?

읽고 성장하는 즐거움 : 독서

칼 비테는 독서에서 얻는 가슴이 끓어오르는 행복을 알지 못하면 이 세상에서 가장 불행한 사람이라고 했습니다. 독서 중에 느끼는 가슴이 열리고 성장하는 느낌을 행복이라고 표현한 것이죠. 책을 읽지 않아도 행복하게 잘 살고 있다고요? 물론 그럴지도 모릅니다. 하지만 성장하지 않는 삶은 무의미하죠. 아무리 행복하다고 해도 공허한 행복일 뿐입니다. 칼 비테는 아들이 책을 읽으면서 매일매일 성장하는 행복을 느끼게 해주고 싶었던 것입니다.

칼 비테는 독서와 예술에 미친 사람이었습니다. 그는 가정을 꾸리기 전까지 가장 좋아하던 것 중에 하나가 독서였다고 말합니다. 특히 모두가 잠든 밤에 홀로 깨어 독서하고 기도하는 것을 좋아했다고 합니다. 그는 깊은 밤에 홀로 불을 밝히고 문장 하나하나의 의미를 곱씹으며 책을 읽어 내려가는 것을 아주 좋아했습니다. 그러다 보면 머릿속이 환하게 밝아오면서 깨달음이 찾아오곤 했다는 것이죠. 그는 독서가 인생의 가장 큰 기쁨이자 즐거움이라고 말합니다.

저는 전작 《리딩으로 리드하라》에서 천재들은 책을 읽고 사색하는 과정을 통해 깨달음을 얻는다고 말했습니다. 칼 비테 역시 젊은 시절에 이미 그 경지에 올랐던 것입니다. 당시 천재들은 원전으로 인문고전을 읽었습니다. 칼 비테 역시 천재들의 독서법을 따라 원전으로 책을 읽었습니다.

하지만 아내가 임신했을 때만은 자신의 즐거운 습관을 잠시 포기해야 했습니다. 아내가 임신하면 남편의 보살핌이 절실히 필요한데 깊은 밤에 홀로 책을 읽다 보면 아내를 제대로 돌볼 수 없을 것 같아서였죠.

성숙한 인간이 누리는 기쁨 : 예술

칼 비테는 아이에게 음악을 가르쳤습니다. 음악가를 시키려고 했던 것이 아닙니다. 예술을 모르는 인생은 황무지와 같다고 생각했기 때문입니다.

괴테는 "신이 준 미감을 잃지 않으려면 날마다 음악을 듣고 시를 읽으며 그림을 감상해야 한다."고 말했습니다. 비슷한 맥락으로 칼 비테는 아이들이 꼭 음악가가 될 필요는 없지만 음악을 이해하지 못하는 아이들은 불행하다고 말합니다. 아이가 행복하고 다채로운 삶을 살기 바란다면 음악을 가르쳐야 한다는 것이었습니다.

아버지의 노력 덕분에 칼은 어릴 때부터 음악 교육을 받고 평생 음악에 대한 관심과 애정을 가졌습니다. 음악은 눈으로 볼 수도, 손으로 만질 수도 없는 추상적인 예술이며 언어처럼 명확한 뜻을 전달하는 것도 아니지만 그 안에는 무궁무진한 생의 비밀이 숨어 있다는 것을 일찍이 알았던 것이죠.

칼 비테는 인간이라면 누구나 평생 완벽을 추구하는 존재가 되어야 한다고 생각했습니다. 그리고 그 최고의 교재는 음악과 미술 같은 예술 작품이라고 말합니다. 하지만 완벽한 그림이나 완벽한 음악보다는 그 예술가의 삶을 본받아야 한다고 했습니다. 완벽한 작품을 만들기 위해 자신의 모든 것을 바치는 태도를 본받아야 한다는 말이었겠지요. 일신우일신日新又日新해서 완벽한 사람이 되도록 노력해야 한다는 것이 칼 비테의 교육 이념이었습니다. 그런 완벽을 추구하는 것 자체가 행복이라는 것이죠. 매일매일 나아짐으로써 다다르기 힘든 별을 향해 전심전력으로 나아가는 것이 바로 행복이라는 의미입니다.

우리나라는 음악과 미술 교육에 너무 생산적인 관점으로 접근합니다. 그래서 예술을 알고 즐기기보다는 얼른 성과를 내려고 조바심을 치게 됩니다. 피아노를 배워서 음감을 익히고 연주를 하는 데서 기쁨을 느끼는 것이 아니라 콩쿠르에 나가 트로피를 받거나 다른 사람들 앞에서 멋지게 연주하는 능력을 키우는 데만 초점을 맞춥니다.

미술도 마찬가지죠. 많은 사람들의 감탄을 자아낼 만큼 근사한 결과물을 내는 데만 주력합니다. 그런 까닭에 초등학교 저학년 때만 바짝 교육하다가 고학년이 되면 아예 예체능 교육을 중단해버립니다. 본격적인 '공부'에 돌입하면서부터는 시간을 낼 수 없기 때문입니다.

우리나라와 달리 서양은 칼 비테식의 관점으로 예체능 교육에 접근합니다. 그래서 학과 공부만큼이나 예술과 체육 교육을 강조합니다. 이런 교육관에는 음악, 미술, 체육이 한 인간을 정상적이고 품위 있는 존재로 키우기 위한, 가장 기초적인 교육이라는 가정이 깔려 있습니다.

대표적으로 하버드 의과대학교의 경우 음악회나 미술관에서 작품을 감상하고 토론해보는 것이 정규 교육과정이라고 합니다. 왜 그들은 예술 작품을 감상하고 이야기를 나눌까요? 예술가가 되기 위해서가 아닙니다. 인간을 제대로 이해하는 사람들이 바로 예술가들이기에 그들의 생각에 닿고자 하는 것입니다. 의사든 판사든 어떤 직업에서든 최고의 경지에 이르려면 인간에 대한 이해가 필수입니다.

이런 예술 교육 덕분인지 서양의 유명인들에게는 예술과 관련된 에피소드들이 많습니다. 철학자 비트겐슈타인의 집안은 서양 최고의 명문가 중 하나였습니다. 오스트리아 철강 재벌 집안이었죠. 비트겐슈타인의 어머니 레오폴디네는 피아니스트로서 브람스, 슈만, 구스타브 말러 같은 음악가들을 적극적으로 후원했습니다. 레오폴디네는 화가 구스타브 클림트도 후원했습니다. 그래서 클림트의 유명한 그림 중에는 비트겐슈타인의 누나 마르가레타의 초상화도 있었습니다. 서양의 재벌들은 예술가를 후원하는 것은 물론 자기 자녀들을 그들의 그림에 등장시키고 싶어 했거든요.

빌 게이츠는 레오나르도 다빈치의 작품을 많이 소장하고 있습니다. 특히 다빈치의 작업 노트인 '코덱스 해머'는 3,100만 달러에 사들이기도 했습니다. 빌 게이츠가 아무리 부자라고 해도 300억 원이 넘는 가격에 노트를 사들이다니 엄청난 일이죠. 대체 그 노트가 무엇이기에 빌 게이츠는 그런 어마어마한 돈을 들인 걸까요?

코덱스 해머에는 달, 물, 화석 등 각종 자연물을 관찰하면서 다빈치가 떠올린 아이디어들이 담겨 있다고 합니다. 한마디로 예술적인 스케치부터 창조물에 대한 아이디어까지 모든 것을 망라하고 있는 셈이죠. 빌 게이츠는 르네상스시대 천재의 생각과 노력을 아이들에게 가르쳐주고 싶었다고 합니다. 코덱스 해머를 통해 끊임없이 완벽을 추구했던 예술가의 삶을 엿볼 수 있기에 아무리 많은 돈을 지불해도 아깝지 않다고 생각했던 것이죠.

우리나라 사람들은 르누아르, 고흐, 세잔을 모른다고 불행하게 생각하지 않습니다. 하지만 그 위대한 예술가들이 추구했던 완벽함이나 인간 내면에 대한 깊은 성찰을 이해한다면 우리도 훨씬 행복해지지 않을까요?

세상에서 가장 훌륭한 교실 : 자연

누구나 자연에서 행복을 느낍니다. 서양이든 동양이든 다르지 않죠. 아이들도 자연 속에서 행복해합니다. 칼 비테는 아이들이 불량스러워지는 것은 호기심을 품을 대상을 찾지 못해서라고 생각했습니다. 그런 아이들을 야외로 데리고 나가면 나쁜 짓에 에너지를 낭비할 시간이 없다는 것입니다.

자연은 아이들의 의욕을 살아나게 하고 정서를 밝게 합니다. 몸도 튼튼하게 만들어주고요.

마음으로 훈육하는 행복한 관계 맺기 : 나눔

인간적인 성장이란 무엇일까요? 바로 인간은 타인과 나누는 존재라는 것을 깨닫는 일입니다. 다른 사람을 도와주고 그들의 아픔을 덜어주려는 마음을 가진 아이는 모든 사람에게 사랑을 받으며 원만한 인간관계를 맺을 수 있습니다.

아이의 동심을 해치거나 너무 일찍 인생의 아픔을 알게 될까봐 불행한 면을 회피하는 다른 부모와 달리 칼 비테는 가난한 이웃을 도울 때마다 아들을 데리고 갔습니다. 그리고 배고파하는 아이가 있으면 칼 비테는 아들의 용돈으로 빵을 사주게 했습니다. 자신보다 어려운 사람을 돕는 데서 행복을 느끼게 하고 싶었던 것입니다. 다음 일화는 칼이 어릴 때부터 정말 따뜻한 마음을 가진 아이였다는 것을 알려줍니다.

칼이 세 살이었을 때의 일입니다. 누군가 칼 비테를 찾아와 교회 뒤쪽에 어느 노인이 하루 종일 웅크리고 있다고 알려주었습니다. 당장 칼 비테는 아들을 데리고 노인이 있는 곳으로 갔습니다. 노인은 아들과 형제들이 모두 일찍 세상을 떠나는 바람에 아내와 단둘이 살다가 며칠 전에 아내마저 잃고 심한 정신적 충격에 빠져 있었습니다. 칼 비테는 노인을 집에까지 모셔다 드렸습니다. 그리고는 노인이 혼자 있는 것을 두려워하자 칼을 잠시 그 집에 머물게 합니다. 나중에 칼은 할아버지가 꽃을 좋아한다는 사실을 알고는 그 집의 마당에 화단을 만들어주자고 제안합니다. 그리고 거기에 예쁜 꽃들을 심었습니다. 사람들은 꽃을 보기 위해 노인의 집을 찾기 시작했고 덕분에 노인은 외로움을 극복하게 되었습니다. 칼은 그 일을 통해 사랑을 베푸는 일이 얼마나 행복감을 주는지 깨닫게 됩니다.

저도 정말 동감하는 이야기입니다. 나눔을 실천하다 보면 또 다른 행복의 세계가 열립니다. 아이에게 그런 행복을 느끼게 해주고 싶다면 부모가 솔선수범해야 합니다. 부모가 먼저 타인을 도움으로써 아이가 어릴 때부터 그 기쁨을 알아가게 해야 합니다.

행복한 아이를 만드는 부모의 태도

당시 유럽 사회는 지금과 조금 달랐습니다. 부유한 사람이 오히려 자신의 부를 부끄러워하는 세상이었습니다. 기독교 문화에는 돈을 많이 가진 사람이 악한 사람이라는 전제가 있었던 것입니다. 그리고 상인처럼 노동으로 돈을 벌지 않는 사람들은 악으로 여겨졌습니다. 그래서 유대인들이 핍박을 많이 받았습니다. 모두 상인들이었으니까요.

당시 가장 인정받는 사람은 노동의 신성함을 알고 이를 행하는 사람이었습니다. 바로 농부처럼요. 하나님 앞에서 모두가 평등하다는 성서적인 교육이 그 시대에는 주효했기 때문에 아이를 좀 더 당당하고 자주적인 인간으로 키울 수 있었던 것 같습니다.

스토아학파도 마찬가지입니다. 갑자기 아이의 성적이 올랐다고 가정해봅시다. 그럼 부모는 기쁨에 휩싸이게 되죠. 그런데 스토아학파는 그런 세속적인 것에 기쁨을 느끼는 사람이 가장 불행한 사람이라고 주장했습니다. 부모가 그런 태도를 가지고 있다면 결국 아이에게 불행한 삶을 가르치는 것과 마찬가지죠. 그렇다면 부모는 어떤 태도를 가져야 할까요? 아이가 공부를 잘하든 못하든 흔들리지 말고 좋은 충고를 해주어야 합니다. 아이가 어떤 성적을 받을지에 연연하기보다 어떤 사람이 될지를 고민하게 하면서 성적이 오르면 원하는 길에 더욱 빨리 도달할 수 있는 반면 성적이 떨어지면 그만큼 시간이 지체될 거라고 알려주는 것이죠. 그러면 아이는 더욱 노력해야겠다고 결심할 것입니다.

아이를 당당하게 키우고 싶다면 부모가 먼저 당당해져야 합니다. 당시 칼 비테는 유명한 사람들을 종종 만났습니다. 그는 가난한 목사에 지나지 않았지만 누구 앞에서도 주눅 들지 않았습니다. 하나님 앞에서는 모든 사람이 평등했으니까요. 그는 성경에서 말하는 행복과 스토아학파의 행복을 정확하게 알고 있었기 때문에 어디서도 위축되지 않았습니다. 우리 역시 오바마 앞에서든 이건희 회장 앞에서든 전혀 꿀릴 것이 없습니다. 하나님의 세상에서는 세속적인 이익을 추구하는 사람이 더 저급한 사람일 수도 있으니까요.

칼 비테가 아이에게 가르쳐주고 싶었던 것이 바로 이것입니다. 아무리 유명하고 돈이 많은 사람을 만나도 흔들리지 않는 거죠. 그렇게 아이를 가르쳤기 때문에 훗날 칼 비테 주니어 역시 누구 앞에서든 당당할 수 있었던 것입니다.

당당한 사람은 이웃을 보면서 부러워하고 배 아파하기보다는 이 사회에서 자신이 어떤 목소리를 내야 할지에 관심을 갖습니다. 그는 양심과 도덕에 따라 판단하고 행동합니다. 사실 이 시대에 당당하고 자주적인 아이를 키우는 데 가장 방해가 되는 것은 스마트폰입니다. 아무리 아이들에게 모든 사람은 평등하다고 이야기해도 스마트폰의 세계에 들어가는 순간 아이들은 열등감에 휩싸이게 됩니다. 하루 종일 유명인의 SNS를 접하다 보면 '유명하지 않은 나는 아무것도 아니야.'라는 생각을 하게 됩니다. 좋은 부모라면 아이들의 그런 감정을 인정하고 적절한 충고를 해줄 수 있어야 합니다.

스마트폰을 사주지 않으면 되지 않느냐고요? 무조건 스마트폰을 빼앗는 것은 좋은 방법이 아닙니다. 스마트폰은 이제 필수품으로 자리 잡았고 우리는 스마트폰이 없는 세상은 꿈꿀 수도 없게 되었습니다. 스마트폰을 주지 않으면 되지 않느냐는 말은 마치 아이들을 전기도 없는 산속에서 원시인처럼 살아가게 하면 되지 않느냐고 말하는 것과 비슷합니다. 다만 아이가 언제 스마트폰을 갖게 할지에 대해서는 논의가 필요하겠지요.

앞으로 세상은 더욱 빠르게 발전할 것입니다. 스마트폰이 대중화된 지는 몇 년밖에 되지 않았지만 이제는 스마트폰이 없던 시대를 떠올릴 수도 없게 되었죠. 마찬가지로 세상은 빛의 속도로 변해갈 것입니다. 이제는 그런 흐름을 부정할 것이 아니라 그 속에서 어떻게 인간다운 삶을 추구할지 고민해야 합니다. 옳은 판단을 내릴 수 있는 사람은 격동 속에서도 여전히 행복하게 살아갈 수 있겠죠. 그렇기에 우리는 자녀가 물질적인 것에 흔들리지 않고 정신적인 행복에 기뻐하도록 키워야 합니다. 그게 《논어》와 《맹자》에서 말하는 도道이자 호연지기浩然之氣겠죠.

똑똑한 아이와
지혜로운 아이는 다르다

: 칼 비테의 인문고전 독서 교육법

· · ·

인간에게는 현재의식이 있고 잠재의식이 있습니다. 빙하를 한번 떠올려보세요. 수면에 떠올라 있는 부분이 현재의식이고 그 밑에 잠겨 있는 것이 잠재의식입니다. 현재의식과 잠재의식 사이에는 통로가 있습니다. 그러니까 잠재의식은 현재의식이 통과시킨 정보들을 받아들이죠. 잠들기 전에 매일 자신이 원하는 것을 상상하면 잠재의식은 그 신호를 받아들입니다. 그렇기 때문에 그 상상은 생생할수록 구체적일수록 이루어질 가능성이 높아지는 것이죠.

부모가 믿는 만큼 아이는 자란다

칼 비테는 잠재력을 깨우면 아이가 천재로 자랄 거라고 믿었습니다. 막연한 기대가 아니라 확고한 신념이었습니다. 사람에게는 누구나 잠재의식이 있고 여기에는 우리 재능의 80퍼센트 이상이 숨겨져 있습니다. 좋은 환경을 만들어주면 타고난 능력이 제대로 발휘될 것이고 그러지 않으면 그냥 묻힌다는 것이죠.

칼 비테는 봉인되어 있는 잠재의식을 깨우기 위해 노력했습니다. 내 아이의 진짜 가능성은 저 깊은 곳에 잠들어 있다, 무의식 깊은 곳에 숨어 있는 그 가능성을 내가 깨워야겠다는 생각을 했던 것입니다. '네 안에 잠든 거인을 깨워라.'라는 말처럼 아이 안에 웅크리고 있는 거인을 깨우는 것이 칼 비테 교육의 목적이었습니다.

이를 위해서는 아이의 지능이 형성되는 순간, 그러니까 아이가 태어나자마자 교육을 시작해야 한다고 주장했습니다. 대단하죠? 보통 아이가 태어나면 엄마의 젖을 먹고 트림만 해도 기특한데 그 시기부터 아이를 교육해야 한다고 생각하다니. 지금 우리가 보기에도 보통이 아니라는 생각이 드는 것을 보면 당시 다른 사람들이 이런 생각을 얼마나 비난했을지는 짐작이 가고도 남습니다. 그 당시 교육 전문가들은 아이가 일고여덟 살 때부터 교육을 시작해야 한다고 생각했습니다. 너무 일찍 교육하면 아이를 망친다는 것이죠.

하지만 칼 비테는 교육학자들의 비난과 조롱을 받으면서도 꿋꿋이 자신의 신념에 맞게 아들을 교육했습니다. 잠재력은 시간이 지날수록 줄어든다고 생각했기 때문입니다. 아이가 100이라는 잠재력을 가지고 태어났을 경우 태어나자마자 교육하면 100을 모두 발휘할 수 있지만 다섯 살에 교육을 시작하면 아무리 훌륭하게 교육해도 제 능력의 80 정도밖에 발휘하지 못한다고 생각했어요. 그래서 그는 아이가 태어나자마자 교육을 시작했습니다.

그는 우선 말을 가르쳤어요. 생후 15일부터 말이죠. 아이가 어느 날 갑자기 아빠의 손가락을 잡았습니다. 그러자 칼 비테는 "손가락, 손가락"이라고 말해줍니다. 칼 비테는 아기가 사물을 구별할 수 있게 되면 말을 가르쳐도 된다고 생각했거든요. 이후 칼 비테는 아들에게 더 많은 물건들을 보여주고 이름을 말해주었습니다.

인간은 언어를 통해 생각하고 학습합니다. 그렇기에 언어를 제대로 배워야 자신의 능력을 더욱 키워나갈 수 있습니다. 칼 비테는 언어 학습의 최적기를 4세 이하라고 보았습니다. 그래서 이 시기에 최대한 많은 사물을 보여주려고 애썼습니다. 아이가 조금 자란 후에는 집 안의 물건들, 꽃, 곤충 등 모든 사물이 시야에 들어오는 족족 가르쳐주었습니다.

단순히 사물의 이름만 가르쳐주는 것을 넘어 동사와 형용사를 풍부하게 사용해 어휘의 양을 늘려주는 것은 물론 그 사물에 대한 과학적,

역사적 설명도 해주었습니다. 예를 들어 램프가 있다면 '램프'라는 이름을 가르쳐주고 그것이 어떤 원리로 불을 밝히는지 이야기해주는 것이죠.

우리의 고정관념으로는 조금 당황스럽습니다. 보통 우리는 아이가 어릴 때는 제대로 알아듣지 못할 거라고 생각하고 자세한 이야기를 생략해버립니다. 하지만 칼 비테는 칼이 마치 어른인 것처럼 생각하고 설명해주었습니다. 기본적으로 아이의 두뇌가 성인의 두뇌와 같다고 생각한 거죠. 매일 같은 말과 행동을 반복해주면 뇌가 일정한 자극을 받게 되어 결국에는 잠재의식 속에 그걸 인지하는 능력이 생긴다고 생각한 것입니다.

나중에 칼 비테 주니어는 자신의 아이를 키우면서 아버지의 교육법에 대해 이렇게 고백합니다.

"아직 말문도 트이지 않은 아기에게 말을 가르친다는 것은 어찌 보면 당황스러운 일이다. 도대체 아기가 어떻게 배울 수 있다는 말인가. 내가 직접 아기를 기르면서 이런 사실을 깨닫게 되었다. 그래서 아버지에게 그 교육법이 과연 효과가 있었는지 물었다. 그러자 아버지가 말씀하셨다. '당장의 효과를 바랐던 것이 아니라 네 잠재의식을 일깨우려던 것이었다. 말을 계속 가르치고 단어를 알려주고 책을 읽어주면 잠재의식이 그것들을 모두 받아들였다가 네가 성장하면서 다시 밖으로 쏟아낸다.' 아버지의 교육법은 자신을 이겨가면서 매일 끊임없이 계속해야 비로소 효과를 볼 수 있는 것이었다."

아이의 잠재의식에 들려준 이야기

칼 비테는 딱딱한 이야기만 해준 것이 아닙니다. 아이가 흥미를 갖도록 동화적인 이야기도 곁들였습니다. "램프에는 요정이 살고 있단다."라는 식으로요. 이 두 가지를 적절히 섞어가며 아이에게 많은 이야기를 들려주었습니다.

칼 비테는 이야기를 들려주다가 아이가 모르는 단어가 나오면 절대 지나치지 않고 그 의미에 대해 설명해주었습니다. 칼이 알아듣지 못하는 것도 있었습니다. 그래도 절대 그냥 넘어가지 않았습니다. 그렇게 모르는 것을 지나치기 시작하면 습관이 될 수도 있기 때문입니다.

특히 아이가 어릴 때는 원래 단어 대신 '맘마', '치카', '지지' 같은 발음하기 쉬운 아기의 말을 가르치는 경우가 많습니다. 하지만 칼 비테는 이런 말을 가르치지 않았습니다. 아무리 어려운 말이라도 세 살쯤에는 제대로 발음할 수가 있습니다. 그런데 '맘마'라는 단어를 배웠다가 다시 '밥'이라는 단어를 배우게 하는 것은 아이에게 이중의 부담을 준다고 생각한 것이죠. 게다가 정확하게 사고하기 위해서는 단어를 정확하게 사용해야 하는데 어린 시절에 불완전한 말을 사용하면 대뇌가 제대로 단련되지 않는다고 생각한 것입니다.

칼 비테는 아들이 말을 배우기 시작하자 정확한 독일어를 가르치기 위해 노력했습니다. 칼 비테의 집에는 오랫동안 일했던 하인이 있었는데, 칼 비테의 오랜 친구이기도 했죠. 그는 평소 발음이 정확하지 않고 사투리를 쓰곤 했습니다. 칼 비테는 마음이 아프긴 했지만 아들의 언어 교육에 좋지 않은 영향을 끼칠 것을 걱정하여 그에게 일을 그만두게 했습니다.

또한 칼 비테는 독일어 교육을 위해 아들에게 책을 많이 읽어줬어요. 언어 교육에 책만큼 좋은 것이 없다고 생각했던 것입니다. 그는 주로 성서, 그리스 로마 신화, 북유럽 신화, 유럽의 역사서 등을 반복해서 읽어주었습니다. 책을 읽어주는 것은 우리나라 부모들도 열심히 잘하는 일이므로 그다지 특별해 보이지는 않죠? 그런데 칼 비테가 아들에게 책을 읽어준 방법이 굉장히 특별합니다. 그는 독일어만이 아니라 라틴어, 그리스어, 히브리어 등으로도 읽어주었습니다. 성서는 히브리어로 읽어주고 그리스 로마 신화는 그리스어와 라틴어로 읽어주는 식이죠.

생후 42일부터 시작하는 인문고전 독서

칼 비테는 아이가 생후 42일이 되자 책을 읽어주기 시작했습니다. 《아이네이스》라는 책이었습니다. 그는 원문, 즉 라틴어로 읽어주었습니다.

저는 이 책을 30대에 읽었습니다. 그전까지는 《일리아스》와 《오디세이아》만 읽었지 《아이네이스》를 읽어볼 생각은 안 했거든요. 저는 《아이네이스》가 《일리아스》와 《오디세이아》의 '짝퉁'이라고 생각했습니다. 그러다 제가 교사가 되어 교육에 대해 공부하다 보니 유명한 인물들, 특히 유럽의 천재들은 모두 《아이네이스》를 읽었더군요. 그제야 저도 그 책이 상당히 의미 있는 책이라는 것을 깨닫고 읽어보게 되었습니다.

《아이네이스》는 베르길리우스의 장편 서사시입니다. 베르길리우스는 11년에 걸쳐서 이 책을 썼지만 결국 완성하지 못하고 생을 마감했습니다. 이 책을 완성하기 위해 그리스에 여행 갔다가 열병에 걸렸던 것이지요. 죽기 전까지 작품을 손질했지만 미완성된 시행이 50곳 정도 되었습니다. 그는 완벽하게 마무리되지 않은 이 작품을 불태워달라고 합니다. 하지만 로마 제정의 초대 황제인 아우구스투스의 뜻에 따라 이 작품은 빛을 보게 되었습니다. 아우구스투스는 총 12권인 《아이네이스》가 한 권 한 권 끝날 때마다 읽어달라고 청할 만큼 이 책에 대해 엄청난 애정을 가지고 있었습니다. 그는 베르길리우스가 죽었다는 이야기를 듣고 책이 어떻게 되었는지 묻습니다. 거의 완성되었다는 이야기를 듣고는 태우지 말고 출판을 하라고 하죠.

당시 로마의 이야기를 좀 해볼까요? 공화정 말기에 절대 권력자 카이사르가 귀족들에게 암살당합니다. 이후 카이사르의 상속자인 옥타비아누스와 당대 실력자인 안토니우스가 대결을 하다 결국 옥타비아누스가 승리하게 됩니다. 로마의 지배자가 된 옥타비아누스는 다시 로마를 평화롭게 만들었습니다. 그 덕분에 원로원으로부터 '아우구스투스(존귀한 자)'라는 명칭까지 받게 됩니다. 당시 귀족들은 아우구스투스에게 잘 보이기 위해 시인들에게 막대한 돈을 주고 아우구스투스를 찬양하는 글을 쓰게 합니다. 그중 하나가 바로 《아이네이스》였습니다. 절대 권력자를 찬양하는 이 책이 서양의 핵심 고전으로 자리 잡은 이유는 바로 그 안에 인문학적 메시지가 담겨 있었기 때문입니다.

이 작품은 트로이의 장군 아이네이아스가 트로이 전쟁에서 패배하고 7년간 지중해 세계를 방랑하다 로마를 건설하기까지의 여정을 담고 있습니다. 총 12권 가운데 앞의 여섯 권은 《오디세이아》의 방랑 스토리를, 뒤의 여섯 권은 《일리아스》의 전쟁 스토리를 본받았다고 합니다.

여신 베누스와 인간인 안키세스 사이에서 태어난 아이네이아스는 트로이가 그리스 연합군에게 패망할 당시 트로이를 빠져나옵니다. 그는 트로이 유민들과 함께 여기저기 떠돌며 나라를 세우려고 하지만 번번이 실패합니다. 그러다 카르타고에 도착해 디도라는 여왕을 만나 사랑에 빠지죠. 하지만 아이네이아스는 신탁을 받은 자이기에 디도를 남겨

두고 떠나게 됩니다. 아이네이아스는 쿠마이의 무녀 시빌레를 만나 함께 저승으로 가게 됩니다. 그리고 아버지 안키세스의 망령을 만나게 됩니다. 아버지는 일족의 운명과 새로 건설될 나라에 관해 들려줍니다. 다시 지상으로 돌아온 아이네이아스는 마침내 이탈리아 중부 라티움 지방에 도착해 투르누스를 물리치고 새로운 국가를 건설합니다. 예언과 신탁에 따라 트로이 유민과 이탈리아 원주민이 하나로 통합된 국가, 즉 로마를 이룩한 것이죠.

《아이네이스》의 가장 큰 주제는 로마에 평화의 시대, 즉 팍스로마나가 왔다는 것입니다. 그리고 그 평화는 이미 1,000년 전에 예언된 신들이 정한 운명이라는 것입니다.

칼 비테는 생애 최초로 어떤 책을 읽느냐가 상당히 중요하다고 생각했습니다. 어떤 책을 읽느냐에 따라 책에 대한 기호가 결정된다는 것이었습니다. 생후 42일부터 원문으로 인문고전을 읽어주면 자신도 모르게 무의식적으로 그런 취향을 가질 거라고 생각했습니다. 그래서 아들의 첫 책으로 《아이네이스》를 선택했던 것입니다. 아이에게 무슨 책을 읽어줄까 생각하다 아무 책이나 뽑아든 것이 아니라 의도적으로 《아이네이스》를 선택한 것입니다. 왜 이 책을 선택했는지에 대해서는 잠시 후에 다시 이야기해보겠습니다.

칼 비테가 생후 42일 된 아이에게 책을 읽어주자 놀라운 일이 벌어집니다. 아이가 바로 잠이 들었던 것입니다. 하지만 칼 비테는 굴하지 않고 계속 읽어줍니다. 이런 노력이 헛되지 않았는지 칼은 세 살이 되자

《아이네이스》의 서두를 암송할 수 있게 됩니다. 자신도 모르는 사이에 《아이네이스》를 유창하게 외우게 되었던 것입니다.

생애 첫 책으로 빅 픽처를 그리게 하라

아이네이아스는 《일리아스》나 《오디세이아》에 나온 인물들과는 조금 다릅니다. 《일리아스》는 트로이 전쟁의 비극을 노래한 책이죠. 아가멤논과 아킬레우스의 불화로부터 헥토르의 장례식까지의 기록이 담겨 있습니다. 아킬레우스의 원한과 복수에서 파생된 인간의 비극을 다루고 있습니다. 대부분의 그리스 문학이 운명에 따라 체념하거나 절망하는 인간상을 보여주는 반면 《일리아스》에서는 운명에 굴하지 않는 영웅의 모습이 그려집니다. 한편 《오디세이아》는 오디세우스가 귀향길에 겪는 모험담입니다. 아테나 여신의 도움으로 고향에 돌아온 오디세우스는 자신이 없는 동안 아내에게 청혼하고 자신의 재산을 축냈던 구혼자들을 죽이고 아내와 재회합니다.

　명예를 지키고자 했던 아킬레우스나 복수에 성공한 오디세우스는 모두 영웅이긴 하지만 결국 개인적인 목표를 좇았습니다. 모든 이민족이 로마라는 제국에 녹아들어 팍스로마나를 이룩한다는 이념을 담기에는 부족했습니다. 로마인들에게는 새로운 철학이 필요했습니다. 《아이네이스》에는 그리스의 개인주의를 탈피하고 신탁을 통해 대제국 로마를 건설한다는 원대한 뜻이 담겨 있습니다. 로마라는 제국이 탄생하면서 유럽이 시작되었습니다. 그래서 T. S. 엘리엇은 《아이네이스》를 쓴 베르길리우스를 '유럽 문명의 아버지'라고 불렀던 것입니다.

베르길리우스는 《아이네이스》에 로마 제국의 정신을 담았습니다. 어떤 정신일까요? 아이네이아스는 망해버린 국가에서 절망하고 체념하지 않았습니다. 지금은 나라가 망해서 떠돌이 생활을 하지만 언젠가는 인류 역사상 전무후무한 제국을 세울 수 있을 것이라며 계속 앞으로 나아갔습니다. 새로운 미래를 향해 도전하는 삶을 살았던 것이죠. 그리고 마침내는 서로 다른 민족이 화합하는 국가를 세웠습니다.

《아이네이스》에 담긴 메시지를 가장 좋아하는 현대 국가가 어디일까요? 바로 미국입니다. 미국의 시작은 《아이네이스》와 굉장히 흡사합니다. 종교적으로 박해받던 사람들이 메이플라워 호를 타고 유럽 땅을 떠나 신대륙으로 이동합니다. 그들은 아이네이아스가 로마를 건국하듯 미국을 세웠습니다. 그래서인지 미국의 명문 사립학교에서는 《아이네이스》를 필수적으로 가르친다고 합니다. 《아이네이스》가 드러내는 정신이 미국이라는 나라와 굉장히 비슷하다는 것입니다. 거기에 미국이야말로 로마 제국의 후예라는 자부심도 있었을 것입니다.

페이스북의 마크 저커버그에게 영향을 미친 책도 바로 《아이네이스》입니다. 저커버그는 《아이네이스》를 읽으면서 다양한 생각과 문화를 가진 사람들이 누구도 차별받지 않고 모일 수 있는 제국을 만들어야겠다고 생각했고, 그렇게 페이스북이 탄생했습니다. 《아이네이스》가 없었다면 페이스북도 없었을 것이고 어쩌면 오늘날의 미국도 없었을지 모릅니다.

한편 로마 제국 이후 유럽 제국주의의 바탕이 된 책도 바로 《아이네이스》입니다. 넓고 넓은 땅덩이를 가진 중국 같은 나라가 제국이 되는 것은 어쩌면 너무나 자연스러운 일입니다. 하지만 영국을 생각해보세요. 아주 작은 섬나라에 불과합니다. 어떻게 이런 작은 나라가 제국의 꿈을 품을 수 있었을까요? 바로 《아이네이스》의 이념을 통해서입니다. 실제로 영국의 사립학교는 《아이네이스》를 교육함으로서 대영제국의 인재들을 키워냈다고 합니다.

그렇다면 칼 비테는 왜 아들에게 《아이네이스》를 읽어줬을까요? 《아이네이스》를 읽어주면서 아이에게 무엇을 주고 싶었을까요? 아들이 아우구스투스 같은 사람이 되었으면 하는 마음, 개인을 뛰어넘는 위대한 존재가 되었으면 하는 마음이 아니었을까요? 아들이 단순한 독일인으로 살아가기보다는 전 유럽을 통합할 메시지를 제시하는 사람이 되기를 바라는 마음으로 《아이네이스》를 선택했던 것입니다. 나라가 망해도 절망하지 않고 새로운 역사를 만들기 위해 전진했던 아이네이아스의 삶을 본받았으면 했던 것입니다.

앞서 말했듯 칼 비테는 생애 최초로 어떤 책을 읽느냐에 따라 책에 대한 기호가 달라진다고 생각했습니다. 그렇기에 수많은 책들 가운데 《아이네이스》를 아이의 첫 책으로 읽어주었던 것입니다. 아이가 훗날 고난에 빠지더라도 "이건 더욱 성장할 수 있는 계기에 불과하다."는 마음으로 이겨내고 리더 중의 리더로 자라나기를 바랐던 것이지요.

우리나라 독서 교육의 문제점

우리나라 아이들 역시 책을 참 많이 읽습니다. 독서의 중요성에 대해서는 누구도 토를 달지 않습니다. 부모들은 아이들이 어릴 때부터 책을 많이 읽도록 큰돈을 들여 전집을 구매하기도 하고 함께 도서관에도 자주 갑니다. 학교에서도 독서를 많이 장려합니다. 제가 학교에 있을 때를 생각해보면 1년에 400~500여 권의 책을 읽는 아이가 한 반에 5~6명 정도는 되었습니다. 1년에 400~500권이라니 정말 굉장하죠? 동화책에는 글이 많지 않아 그렇게 많이 읽는 것이라고 생각할 수도 있지만 아이들은 우리 생각보다 훨씬 수준이 높고 글도 많은 책을 읽습니다. 우리 어른들이 잘 모르는 책도 많고요.

하지만 그렇게 많이 읽어도 책의 내용을 이야기해보라고 하면 제대로 대답하지 못하는 경우가 많습니다. 이건 아이들만의 문제는 아닙니다. 아마 부모님들도 책을 읽고 나서 자세히 이야기하려면 막막한 기분이 들 것입니다. 대부분 "와, 너무 재미있었어." "조금 지루했어." 정도의 소회를 남기고 말죠. 기껏 자신의 블로그에 감상을 올리거나 소규모의 독서 토론회에서 서로 느낌을 나누는 정도입니다. 이런 독서 형태를 비난하고 싶지는 않습니다. 다만 우리나라의 전반적인 독서 문화가 '드라마 문화' 수준에 머무는 것이 조금 안타까울 뿐입니다.

책 이야기를 하다가 갑자기 생뚱맞게 드라마 얘기를 꺼내는 것이 의아할 것입니다. 우리가 텔레비전 드라마를 시청할 때를 생각해보죠. 전 국민이 비슷한 타이밍에 감동합니다. 악녀가 등장하면 모두가 한마음으로 미워하고 주인공의 시련에는 같이 마음 아파하죠. 이런 드라마를 보고 나서 우리 삶에 변화가 있을까요? 영화도 마찬가지입니다. 재벌의 비열하고 비인간적인 면을 고발하는 영화가 주기적으로 나옵니다. 그 영화가 대히트를 친다고 해서 우리나라가 바뀔까요? 전혀 바뀌지 않습니다. 드라마를 보든 영화를 보든 우리는 그저 감정을 소비할 뿐입니다.

독서도 마찬가지입니다. 책을 읽고 깊은 감동을 받죠. 뭔가 달라질 것만 같은 기대도 듭니다. 하지만 현실은 그대로입니다. 바뀌는 것은 감정뿐이에요. 불안하고 힘든 현실 속에서 책을 읽고 뭔가 느끼다 보니 자신이 성장한 기분이 들지만 그건 자기 위안일 뿐, 변한 것은 없습니다. 감정의 배설에서 끝나는 독서로는 건질 것이 별로 없습니다.

때로 토론을 한답시고 서로 읽은 내용을 확인하거나 자신의 느낌을 나누거나 저자에 대해 이야기하는 것은 토론이 아닙니다. 일종의 입시 공부입니다. 그래서 황당하게도 아이들이 책을 읽으면 읽을수록 바보가 되어가는 기분이 듭니다. 책을 읽지 않았다면 차라리 자신이 잘 모른다는 것을 인정하고 다른 사람의 이야기에 귀를 기울일 것입니다. 하지만 분명 읽기는 읽었으니 모두 알고 있다고 착각을 하게 되는 것이죠. 그러고는 깊이 있는 토론을 나눈답시고 서로의 해석에 대해 왈가왈부하기도 합니다. 타인의 해석을 비난하고 자신의 생각이 맞다면서 서로의 말꼬리를 잡고 늘어지는 거죠. 모두 말장난에 지나지 않습니다. 건설적인 이야기는 온데간데없고 서로 교묘하게 말을 바꿔가며 상대를 제압할 생각만 합니다.

이런 독서 토론이라면 하지 않는 것이 낫습니다. 자칫 왕따가 될 수도 있으니까요. 책을 많이 읽었다는 것을 늘 과시하면서도 자신은 하나도 바뀐 것이 없습니다. 그러면서 무슨 문제가 생기기만 하면 신랄한 비판과 비난을 퍼붓습니다. 그럴싸한 이론을 갖다 붙이면서 말이죠. 처음에는 사람들이 귀를 기울입니다. 얼핏 보면 신기하기도 하고 재미도 있거든요. 하지만 시간이 지나면 사람들은 하나둘 떠나게 됩니다. 왜 그럴까요? 갈수록 그 사람의 말에 공감할 수가 없기 때문입니다. 껍데기 같은 비판을 듣고 있다 보면 기분이 나빠지기 마련입니다.

아마 주변에 사람이 남아나지 않는 것을 보고 그는 착각할 수도 있습니다. 자신이 너무 수준이 높아서 주변 사람들이 이해하지 못한다고요. 한편으로는 자신이 먼저 사람들을 버렸다고 착각할지도 모르겠습니다. "수준이 안 맞는 사람들과는 이야기를 못 하겠다."라면서요. 그런 사람들은 책을 100권, 1,000권 읽어도 소용이 없습니다. 오히려 책을 읽을수록 자만심과 지적 허영심만 늘어나게 됩니다.

칼 비테는 어떤 책을 읽어주었나

칼 비테는 아들에게 다양한 인문고전을 읽혔습니다. 첫 책으로 선택한 것이 바로 《아이네이스》였고 나중에는 호메로스의 《일리아스》와 《오디세이아》도 읽혔습니다.

《일리아스》와 《오디세이아》는 문자로 전해지는 서양 최초의 문학 작품입니다. 서양 문화를 말할 때면 제일 먼저 나오는 책 제목이지요. 단순히 문학 작품의 차원을 넘어 서구 문화의 원천입니다. 그런데 《일리아스》와 《오디세이아》를 종합하여 구상한 것이 바로 《아이네이스》이기 때문에 《아이네이스》를 제대로 이해하기 위해서는 두 책도 읽어야 합니다. 《일리아스》에서 몰락하는 트로이를 다스릴 인물로 예언되는 자가 바로 아이네이아스이고 베르길리우스는 이 인물을 소재로 로마의 건국 서사시를 쓰게 되었습니다.

한편 칼 비테는 아들에게 《이솝우화》도 읽혔습니다. 전 세계 어린이가 좋아하는 《이솝우화》는 고대 그리스의 노예이자 이야기꾼 아이소포스가 지은 우화집입니다. 어린이들이 친근하게 느낄 만한 동물들이 자주 등장하고 이야기마다 인생의 철학이 담겨 있습니다. 칼 비테는 《이솝우화》를 통해 아들에게 그리스어를 가르쳤습니다.

이 외에도 칼 비테는 고대 그리스 작가인 크세노폰의 《소크라테스 회상》과 《아나바시스》도 읽혔습니다. 《소크라테스 회상》은 플라톤의 저작에 비해 철학적으로는 부족하다는 평가를 받습니다. 하지만 《플라톤의 대화편》에 등장하는 소크라테스와 비교하기 위해 읽게 했습니다.

크세노폰은 플라톤과 동년배로 둘 다 소크라테스의 제자였습니다. 그런데 크세노폰이 그리는 소크라테스와 플라톤이 그리는 소크라테스가 조금 다릅니다. 크세노폰은 소크라테스를 현실적이고 구체적인 인물로 그려냅니다. 플라톤이 소크라테스의 철학적 깊이를 논했다면 크세노폰은 인간적인 면모에 집중했습니다. 크세노폰은 위대한 사상과 철학적 지식을 가졌지만 경외의 대상이기보다는 이웃집 아저씨 같은 사람으로 소크라테스를 그렸던 것이죠. 플라톤은 조금 다릅니다. 당시 정치적으로 실패한 것이나 다름없었던 소크라테스를 이상화시키고 소크라테스의 정당성을 내세우고 싶어 했죠. 칼 비테는 크세노폰과 플라톤의 책을 모두 읽힘으로써 저자의 관점에 따라 인물이 달라진다는 것을 알려주고 싶었던 것입니다.

한편 《아나바시스》는 크세노폰이 페르시아 왕자 키루스의 용병으로 일했던 경험담을 담은 책입니다. 간결하고 정확한 문장으로 쓰여 있어서 그리스 고전을 공부하기에는 완벽한 책이라고 하죠. 이 책을 통해 크세노폰은 참된 리더의 모습을 알려줍니다. 개인을 넘어 집단이 살아남기 위해 어떻게 해야 하는지에 대해서 들려줍니다. 크세노폰이 하고 싶었던 말은 리더라면 당연히 책임 의식을 갖고 목숨을 걸고서라도 조직을 지켜야 한다는 것입니다.

《플라톤의 대화편》은 칼이 여덟 살에 읽었다고 합니다. 학교에 들어 갈 무렵의 아이가 플라톤을 읽다니 정말 놀랍지 않습니까? 하지만 칼은 내용을 이해하지 못했다고 합니다.

칼 비테는 로마의 정치가이자 전쟁 영웅이었던 카이사르의 《갈리아 전기》도 읽혔습니다. 전쟁의 기록인 《갈리아 전기》는 고전 중의 고전으로서 문학적으로 높은 가치를 평가받고 있습니다. 카이사르는 최고의 라틴어 작가 중 한 명으로 꼽힐 만큼 뛰어난 문장을 구사했습니다.

칼은 이미 아홉 살에 프랑스어, 이탈리아어, 그리스어, 라틴어를 모두 배운 덕분에 헤로도토스의 역사서, 디오게네스 라에르티오스의 《그리스 철학자 열전》, 베르길리우스, 키케로, 플로리아누스, 실러 등의 문학 작품을 마음껏 읽었다고 합니다.

독서를 놀이처럼 즐기는 아이

앞서 말했듯 칼 비테는 생애 최초로 어떤 책을 읽느냐, 유년 시절에 어떤 책을 읽느냐에 따라 인생이 달라진다고 생각했습니다. 그래서 아이의 독서 능력과 책의 내용을 신중하게 고려하여 책을 골랐습니다.

아이가 어릴 때는 아이가 듣든 말든 잠재의식에 대고 책을 읽어주었죠. 아이가 조금 자란 후에는 독서에 흥미를 키워주기 위해 이야기로 만들어 들려주었습니다. 마치 구연동화를 들려주듯이 과장된 표정, 실감나는 목소리, 몸짓을 동원해서 아이의 흥미를 끌었습니다. 신나게 이야기해주다가 가장 흥미진진한 부분에서 갑자기 이야기를 중단하죠. 아이가 궁금해서 이야기를 계속해달라고 보채면 뒷이야기는 직접 책을 읽어보라고 이야기하는 겁니다. 그런 과정을 통해 책과 친해지게 했습니다. 혹은 다음과 같은 제안을 합니다.

"그다음은 네가 한번 생각해서 마무리를 지어보겠니?"

다산 정약용도 자녀 교육에 이런 방법을 썼습니다. 《유배지에서 보낸 편지》를 보면 정약용 역시 스스로 이야기를 만드는 식으로 책을 읽었습니다. 특히 역사서 같은 것을 읽다가 결말을 앞두고는 책을 내려두고 자신이 직접 이야기를 써보는 것이죠. 그냥 마음대로 쓰는 것이 아니라 앞에 읽었던 내용을 토대로 그런 인물이라면 어떤 결론을 맞을지를 예상하는 것입니다. 그런 훈련을 하다 보면 역사를 보는 자신만의 관점이 생깁니다.

정약용은 여기에서 더 나아가 역사서를 읽으면서 한 나라의 흥망성쇠를 보는 눈을 키워주었습니다. 어떤 나라가 흥하고 어떤 나라가 망하는지, 국가의 흥망성쇠와 개인의 흥망성쇠 사이에 어떠한 연관성이 있는지를 보면서 법칙을 깨닫고 자신의 것으로 만든 것이죠. 그 후에는 그 법칙을 우리나라에 적용하고 우리 가문에 적용하고 마지막으로 나 자신에게 적용합니다. 내가 이렇게 살면 틀림없이 망하겠구나, 이렇게 살면 흥하겠구나 하는 것을 깨닫는 거죠.

칼 비테도 나름의 비법으로 책을 읽어주었습니다. 책의 내용을 반복해서 들려주되, 그냥 읽어주지 않았습니다. 그러면 지루하니까요. 그는 연극을 하듯이 재미있게 책을 읽어주었습니다. 책을 모두 읽어준 후에는 아이가 내용을 되새겨서 잊어버리지 않게 했습니다. 책의 내용을 종이 카드에 적고 카드놀이 같은 것을 하면서요. 《아이네이스》를 읽었다면 카르타고, 트로이, 디도 등 책에 나오는 이름들을 적는 것이죠. 아이가 어떤 카드를 집으면 칼 비테는 거기에 적힌 인물에 대해 이야기해주었습니다. 디도를 골랐다면 "디도는 아이네이아스를 사랑해서 결혼까지 하려고 했던 여왕이야."라고 들려주는 식이었습니다. 아이와 역할을 바꿔서 칼 비테가 카드를 뽑고 아이가 설명을 하게도 했습니다.

이렇게 놀이를 통해 읽은 내용이 체계적으로 머릿속에 남게 했습니다. 이것은 존 스튜어트 밀이나 케네디가 받은 교육이기도 합니다. 또한 책을 읽고 노트에 줄거리를 쓰게도 했고 책의 내용으로 함께 연극도 했습니다. 이 연극 덕분에 칼은 유치원 시절에 고등학생 이상의 어휘력과 지식을 갖게 되었다고 합니다.

이렇게 책의 내용을 반복적으로 듣고 카드놀이로 내용을 익히고 줄거리를 요약하고 연극까지 하고 나면 고전이 뼛속까지 자기 것으로 남게 됩니다. 인문고전 독서라는 말이 딱딱한 느낌을 주지만 사실 칼 비테는 자연스러운 놀이를 통해 책의 내용을 아이가 완벽하게 받아들이게 했습니다.

칼 비테의 인문고전 독서 교육법은 정말 탁월하고 아름답습니다. 아이가 최대한 부담을 느끼지 않으면서 진정한 재미를 느끼도록 이렇게까지 노력했다는 것이 감동적입니다. 칼 비테에 대해 공부하면서 저 역시 우리나라의 독서 교육이 얼마나 형식적이고 이기적이었는지를 반성했습니다. 칼 비테가 기울였던 노력의 반의반도 하지 않으면서 아이가 인문고전을 즐기기를 바란다면 지나친 욕심이 아닐까요? 저는 칼 비테의 노력에 크게 감명받아 최근에 손가락 인형을 샀습니다. 아이에게 연극을 해주기 위해서죠. 제게도 익숙한 일은 아니지만 한번 노력해보려고 합니다.

한편 칼 비테는 아이가 책을 읽을 수 있게 최고의 환경을 만들어주었습니다. 공부방도 세심하게 꾸며주었죠. 작은 방 한쪽 벽에 큰 책장을 늘이고는 아이가 찾기 쉽게 문학, 천문학, 역사, 음악, 외국어 등 다양한 분야의 책들을 잘 정리해주었습니다. 처음 공부방이 생긴 날에 칼이 놀라서 물었죠.

"아빠, 이 많은 책을 어떻게 다 읽어요?"

"독서에 빠져들면 오히려 저 책들이 적게 느껴질 거야."

그렇다고 칼 비테는 억지로 책을 읽히지는 않았습니다. 억지로 책을 읽는 것은 힘든 노동에 불과하다는 것을 알게 했죠.

칼 비테는 아이가 단기간에 얼마나 많은 책을 읽었는지에는 관심을 두지 않았습니다. 중요한 것은 책에 있는 정신을 충분히 자기 것으로 만드는 거라고 생각했습니다. 책의 본질을 정확히 이해하지 못하는 독서는 무의미하다는 것이었죠. 그래서 칼 비테는 철저하게 책을 통해 아이가 성장하고 있는지, 리더십을 갖추고 있는지, 어제보다 오늘 인격적으로 나은 아이가 되었는지를 기준으로 삼았습니다. 이것이 칼 비테가 독서를 통해 아이에게 주고 싶었던 핵심적인 교훈이었습니다. 그래서 아이에게 새로운 정신이 형성되었는지를 살피고 그렇지 않다면 책을 다시 읽게 했습니다.

칼 비테 주니어는 훗날 자신의 독서법을 다른 사람에게 소개하면서 한 권의 책을 세 번 이상 읽어야 책의 전체 내용을 제대로 파악할 수 있다고 했습니다. 처음에는 재미있는 소설을 읽듯 편안한 마음으로 전체적인 내용을 가볍게 훑어봅니다. 중간에 뜻을 모르는 말이 나오거나 잘 이해되지 않는 부분이 있어도 신경 쓰지 않고 말이죠. 그다음에는 빠르게 다시 읽습니다. 마지막에는 내용을 빈틈없이 파악하며 읽습니다. 이렇게 반복적으로 읽다 보면 어려운 책에도 흥미를 가질 수 있고 자신도 모르게 내용을 기억할 수 있다는 것입니다. 이른바 통독, 속독, 정독의 순서대로 책을 읽은 것이죠.

그런데 칼 비테는 독서보다 놀이를 더 중요시했습니다. 굉장히 충격적이었습니다. 얼핏 생각하면 칼 비테는 아이에게 잠시도 쉴 틈을 주지 않고 책을 읽히거나 공부를 시켰을 것 같지만 사실은 그 반대였습니다. 칼 비테는 틈만 나면 아이를 놀게 했습니다. "어린아이의 본분은 신나게 노는 거야. 그러니까 너는 얼른 나가서 네 본분을 다하고 와라." 이렇게 이야기한 것입니다. 정말 인상적입니다. 칼 비테는 아들에게 수많은 인문고전을 읽게 했지만 절대 20분 이상 읽히지 않았습니다. 20분간 책을 읽었다면 무조건 40분은 놀게 했죠.

칼 비테 주니어가 책을 많이 읽고 주변 사람들에게 칭찬을 받게 되자 욕심에 사로잡힙니다. 더 많이, 더 오랫동안 책을 읽어야겠다고 마음먹습니다. 그래서 방에 들어가 오랫동안 책을 읽어요. 그러자 칼 비테가 아이를 불러서 다음과 같은 이야기를 해줍니다.

"오늘 책을 몇 시간이나 읽었니?"

"여섯 시간 넘게요."

"여섯 시간이나? 그럼 126쪽부터 128쪽까지의 내용을 설명할 수 있겠니?"

"아니요."

"오늘 책을 읽는 내내 마음이 즐거웠니?"

"아뇨."

"왜 즐겁지 않았을까?"

"모르겠어요. 그냥 힘들고 부담되는 감정 속에서 읽었어요. 솔직히 무슨 내용을 읽었는지도 모르겠어요."

"책을 너무 오래 읽어서 그래. 독서에서 가장 필요한 것은 휴식이란다."

"그럼 책을 많이 못 읽잖아요. 저는 노는 시간을 줄여서 열심히 독서를 해야 해요."

"네가 그런 생각을 하고 있어서 독서를 제대로 못 하는 거란다. 그러다가 건강까지 망가지면 몸도 망치게 될 거야."

"그럼 어떻게 해요?"

"나가서 실컷 놀렴."

칼 비테는 잘 노는 사람이 공부도 더 잘한다고 믿었습니다. 마음껏 놀고 스트레스를 풀어야 공부에 더욱 집중할 수 있다는 것이죠.

적당한 휴식은 아이에게 새로운 에너지를 충전시켜줍니다. 에너지가 모두 방전된 상태에서는 아무리 책을 열심히 읽어도 남는 것이 없습니다. 즐겁게 놀고 나면 마음이 즐거워지고 힘이 솟아납니다. 그런 까닭에 칼 비테는 독서보다 놀이를 더 중요시했던 것입니다.

책 너머를 읽게 하라

칼 비테는 언제나 책보다 중요한 것이 있다고 이야기해주었습니다. 그것은 바로 하나님과 꿈과 자연과 가족과 사람 사이의 관계입니다. 이건 동양 고전에도 나와 있는 이야기입니다.

동양 고전을 보면 무조건 책을 읽으라고 하지 않습니다. 우선 자기가 해야 할 일을 충실히 하는 것이 먼저라고 강조합니다. 마당을 쓸고 부모를 도운 후에 독서를 하라고 합니다. 어른들도 마찬가지입니다. 먼저 직업을 가지고 가족을 돌보고 인간의 도리를 하고 나서 시간이 남으면 책을 읽어야 합니다. 이게 바로 인문학의 정신입니다. 현실을 외면하고 책만 읽으면 안 되는 것이죠.

생각해보세요. 어린 시절 직접 밥을 지어보면 매일 밥을 해주는 부모님께 감사하는 마음이 생깁니다. 밭에서 나물을 뜯어 다듬고, 씻고, 삶고, 무쳐서 상 위에 올리는 과정을 돕다 보면 도저히 반찬 투정을 할 수 없습니다. 그 과정에서 부모님께 감사하는 마음과 타인을 존중하는 태도가 저절로 생깁니다. 이런 교육을 받지 못한 채 무조건 책만 읽는 것은 의미가 없습니다.

동양 고전에서 말하는 독서의 목적은 자신의 일을 잘하는 것입니다. 자신의 일을 제대로 하고, 약한 사람을 존중하고, 부모님을 공경하고,

백성을 위한 정치를 하는 사람이 되기 위해서 인문학을 공부하는 것이죠. 그러니까 예전에는 억지로 마당의 낙엽을 쓸었다면 인문학을 배운 후에는 타인을 배려하는 마음으로 '내가 먼저 일어나 마당을 쓸어야겠다.'라고 생각하게 되는 것입니다.

결국 칼 비테의 이야기도 같은 맥락입니다. 칼 비테는 학문을 통해 지혜를 얻지 못하는 사람은 어리석다고 했습니다. 그런 사람에게 과도한 지식은 오히려 독이 되기 때문에 아예 배우지 않는 편이 낫다고 했지요. 그래서 그는 공부를 하는 것도 중요하고 지식을 얻는 것도 중요하지만 가장 중요한 것은 지혜를 얻는 것이라는 점을 늘 강조했습니다.

어떤 식으로 읽어야 하는가

아이들은 독서지도사나 교사의 말을 잘 듣습니다. 그들이 어떤 책에 대해 의견을 제시하면 그대로 받아들입니다. 하지만 책을 읽고 누군가의 의견에 자꾸 기대는 것은 바람직하지 않습니다. 스스로 깨닫고 공부하고 사색하여 자신만의 세계관을 만들어야 합니다. 독서지도사나 교사의 의견을 존중하는 것은 좋은 태도지만 그들에게 세뇌당해서는 곤란합니다.

책을 읽는 것은 굉장히 특별한 일입니다. 우리는 어떤 책을 접하는 순간 새로운 세계를 만나게 됩니다. 어떠한 세계에 온전히 빠졌다면, 그리고 그 세계를 가슴으로 느꼈다면 당연히 우리의 삶은 변화해야 합니다. 삶의 변화 없이 말로만 이러쿵저러쿵 떠들어대는 것은 독서의 본질이 아닙니다.

그러므로 아이들은 독서를 통해 감정보다는 감성을 얻어야 합니다. 감정과 감성은 어떻게 다를까요? 예를 들어 《레미제라블》을 읽었다고 칩시다. '아, 이 소설은 프랑스혁명을 배경으로 하고 있구나. 힘없는 사람들이 역사의 격랑 속에서 희생당했구나. 우리나라도 힘없는 민중이 항상 고통받지. 그러면 안 되는데.' 바로 이런 것이 감정입니다. '좋다.' '나쁘다.' '그러면 안 돼.'라는 것들, 즉 바로 배설하고 잊어버리는 것들이 바로 감정입니다.

그렇다면 감성은 무엇일까요? 내 마음이 그 안으로 들어가는 것을 뜻합니다. 우리 시대에도 코제트 같은 아이들이 있는지 주변으로 눈을 돌리는 것입니다. 그런 아이들을 위해 무엇을 해야 할지를 고민하고 시민단체에 가입하는 등 행동에 나서는 것이죠. 아이들은 독서를 통해 약한 자의 아픔을 가슴 깊이 느끼고 그들을 위해 작은 힘이라도 보태려고 노력해야 합니다. 이런 아이들이라면 따로 '리더십'이라는 덕목을 가르칠 필요도 없습니다. 독서를 통해, 그리고 자신을 바꾸는 행위를 통해 저절로 리더십이 갖춰질 테니까요.

이런 것들은 말로 가르치기보다는 부모들이 행동으로 보여주는 것이 가장 좋습니다. 그러면 그런 행위가 아이들의 몸에 자연스럽게 녹아들겠지요. 부모가 집에서 책을 읽고 변화한 삶을 산다면 아이들도 그 모습을 보고 그런 식으로 독서를 하게 됩니다.

또 하나, 어떤 책을 읽든 자신을 잃어버리는 것은 곤란합니다. 우리가 지금 텍스트로 삼고 있는 칼 비테의 책도 마찬가지입니다. 그 사람의 교육법을 맹목적으로 추종하는 것은 옳지 않습니다. 나를 지키면서 칼 비테를 인간 대 인간으로 바라보고 장점을 취해야 합니다. 즉 칼 비테가 나의 부분집합이어야지 그 반대가 되어서는 안 된다는 말입니다.

간혹 책을 읽으면서 자꾸만 스스로를 책의 부분집합에 집어넣어버리는 사람들이 있습니다. 칼 비테를 읽을 때는 칼 비테의 부분이 되고, 마이클 샌델을 읽으면 그의 부분이 됩니다. 그렇다면 그 사람은 어떤 책을 읽어도 결국 국 맛을 제대로 느끼지 못하는 숟가락이 될 수밖에 없습니다. 숟가락은 어느 국에 들어가든 순식간에 뜨거워지지만 깨끗하게 씻어서 말리는 순간 아무것도 남아 있지 않은 상태가 됩니다.

생각하는 아이로 키우는
대화의 기술

: 칼 비테의 토론 교육법

. . .

고대 그리스 시대 스승과 제자가 길에서 만나 이야기를 나눕니다. 그들은 길바닥에 앉아 몇 시간씩 이야기를 멈추지 않습니다. 가끔은 서로의 집에 초대해서 와인을 마시며 이야기를 나누기도 합니다. 이런 위대한 스승들 가운데에는 소크라테스, 플라톤, 아리스토텔레스 같은 위대한 철학자들도 있었습니다. 특히 플라톤의 책 《향연》은 술을 마시면서 유쾌하게 나눴던 사랑에 관한 토론의 기록입니다. 술과 음식을 나누는 자리에서 축제처럼 토론이 이루어졌던 것입니다. 맛있는 음식과 함께 흥미로운 이야기가 펼쳐지니 얼마나 즐거웠겠습니까? 고대 그리스인들에게는 토론이 생활이고 축제였던 것입니다.

천재를 만드는 서양의 토론 교육법

유대인 가정에서는 자녀에게 토론 습관이 배도록 교육합니다. 유대인을 위대하게 만들어준 여러 요소들 가운데는 토론 문화도 있습니다. 이런 문화는 지금까지도 이어져서 이스라엘의 도서관에 가보면 책을 높이 쌓아놓고 격렬하게 이야기하는 모습을 자주 보게 됩니다. 얼핏 보면 싸우는 것처럼 보이지만 사실은 신나게 토론하는 중입니다. 가까운 사람끼리, 친밀한 사람끼리 의견을 나눕니다. 이런 유대인의 토론 문화가 유럽에 들어오면서 토론이야말로 친구나 친지끼리 나눌 수 있는 최고의 유희가 되었습니다. 아인슈타인 같은 천재도 이런 토론 문화에서 태어났습니다.

아인슈타인은 토론을 정말 좋아했습니다. 그는 토론을 하기 전에는 일단 상대방과 친밀한 사이가 됩니다. 상대와 어느 정도 가까워지면 카페, 공원, 길거리 등 장소를 막론하고 토론을 벌였습니다. 토론을 너무 좋아한 나머지 특허청 공무원일 때는 대충 밥을 때우고 카페에서 친구들과 한참 토론하다 일터로 돌아가곤 했습니다. 아인슈타인의 든든한 조언자로서 그를 계속 지적으로 자극했던 인물이 있었습니다. 바로 베소라는 사람입니다. 베소는 아인슈타인에게 여러 가지 책을 추천하기도 했습니다. 그중 특히 에른스트 마흐의 《역학의 발달》이라는 책은 후에 아인슈타인의 상대성이론에 큰 영향을 줍니다. 아인슈타인은 베소와의 토론을 통해 새로운 것을 깨닫고 특수상대성이론을 발표하게 됩니다.

아인슈타인의 토론은 단순히 지적인 것만을 목적으로 하지 않았습니다. 나와 다른 인생관을 가진 인간을 올바르게 이해하고 그의 세계관을 만나는 과정이 바로 아인슈타인이 즐겼던 토론의 목적이었습니다. 인간과 인간의 영혼이 만나고 세계관이 만나는 뜨거운 용광로가 바로 토론이었던 것입니다. 그렇기에 토론을 하는 내내 상대방을 존중하고 그의 감정을 배려해주었습니다.

우리는 토론이라고 하면 상대방의 의견을 듣고 내 의견을 말하는 정도를 떠올립니다. 하지만 엄밀히 말하면 이런 것은 토론이 아닙니다. 내 앞에 있는 사람을 온전히 내 안으로 받아들이고 이해하는 행위가 바로 토론입니다.

20세기 초 양자역학에 혁혁한 공을 세운 하이젠베르크가 아직 햇병아리 물리학자이던 시절, 아인슈타인은 하이젠베르크와 몹시 토론하고 싶었습니다. 그래서 하이젠베르크의 강의실에 조용히 앉아 그의 강의를 들었습니다. 하이젠베르크는 자신의 강의실에 앉아 있는 아인슈타인을 보고 얼마나 놀랐을까요. 하지만 아인슈타인은 어떤 학생보다도 열심히 하이젠베르크의 강의를 경청합니다. 그리고 수업이 끝나자 그에게 다가가 하루만 자신의 집에 머물러달라고 간청합니다. 그와 밤새 토론을 하고 싶었던 것입니다. 왜 아인슈타인은 그렇게까지 했을까요?

바로 하이젠베르크라는 인간을 알고 싶었기 때문입니다.

　하이젠베르크는 아인슈타인과의 토론에서 자신의 업적인 '불확정성의 원리'에 대한 힌트를 얻게 됩니다.

대화로 아이의 관찰력과 상상력을 키워라

여기에서 말하는 토론은 서로 의견을 격렬하게 나누는 것만을 의미하지 않습니다. 그저 대화를 의미할 뿐입니다.

서양의 토론 문화는 밀폐된 공간보다 탁 트인 밖에서 이루어지는 경우가 많습니다. 그저 만나서 산책을 하고 이야기를 나누는 것이죠. 아리스토텔레스는 제자들과 이곳저곳 산책을 하며 이야기를 나눴습니다. 그래서 그들에게는 소요학파라는 이름이 붙었습니다. 자유롭게 이리저리 거니는 것을 '소요逍遙'라고 하잖아요. 거기에서 따온 것입니다.

칼 비테도 아이와 함께 아침 식사 전에 산책을 했습니다. 두세 시간 동안이나 말이에요. 대화의 내용은 주로 인문고전에서 읽은 것들이었습니다. 이때 주로 이야기하는 사람은 아버지였습니다. 그런데 칼과 비슷한 교육을 받은 존 스튜어트 밀의 경우에는 밀이 훨씬 많은 이야기를 했다고 합니다. 자신이 읽은 책의 내용이나 자신이 느낀 바를 아버지에게 쉼 없이 이야기했던 것이죠. 어쩌면 그래서 존 스튜어트 밀이 칼 비테 주니어보다 뛰어난 천재가 되었는지도 모르겠습니다.

한편 칼 비테는 산책을 통해 관찰력을 키워주려고 했습니다. 천재 수학자 윌리엄 해밀턴은 기억력이 엄청나게 뛰어났습니다. 하지만 그것은 타고났다기보다는 교육에 의해 키워진 것이라고 합니다. 해밀턴은 일찍 부모를 여의고 삼촌 밑에서 자랐습니다. 삼촌은 해밀턴을 친자식처럼 예뻐했습니다. 삼촌은 해밀턴과 같이 놀이를 했는데 그중 '기억력 놀이'라는 것을 자주 했습니다. 함께 거리를 쭉 걸은 다음 지나온 길에 대해 서로 묻고 답하는 놀이였습니다. 한 사람이 일부러 틀리게 설명하면 무엇이 틀렸는지를 찾아내는 게임도 했습니다. 칼 비테도 아들에게 이와 비슷한 교육을 했습니다. 백화점이나 시장을 지난 후에 방금 진열대에서 무엇을 봤는지 물어보는 식이었죠. 그 사물이 무엇이고 용도가 무엇인지를 물은 다음 제대로 대답을 하면 맛있는 사탕이나 선물을 주었습니다. 이런 과정을 통해 칼의 기억력도 계발되었습니다.

어느 철학자가 이런 말을 했습니다.

"상상력은 사람의 살과 같다. 그러므로 상상력이 없는 사람의 인생에는 그저 앙상한 뼈마디만 존재할 뿐이다."

칼 비테 역시 아들의 상상력을 키워주기 위해 무한히 노력했습니다. 그리스 신화에서부터 아시아의 신화와 전설에 이르기까지 몇 번이고 반복해서 들려주었습니다.

칼 비테가 재미있는 화제를 던지면 칼은 신나게 상상력을 펼쳤습니다. 인도 문명, 중국 문명, 이집트 문명 등에 대해 이야기하는 동안 아이는 머릿속에서 전 세계를 종횡무진 돌아다녔습니다. 배를 타고 인도와 중국에 가기도 하고 나일 강을 거슬러 올라가기도 하며 눈이 가득한 북극에 갔다가 다시 꽃향기가 가득한 실론 섬으로 떠납니다. 공간 이동만 한 것이 아니었습니다. 몇 천 년을 거슬러 올라가 스파르타 사람들과 함께 트로이 군대를 물리치는가 하면 오디세우스의 배를 타고 방황하기도 했습니다. 알렉산드로스 대왕을 따라 원정을 떠나기도 했지요. 이 과정에서 아이는 역사와 지리에 대해 살아 있는 지식을 얻었습니다.

상상력은 정치적, 사회적, 제도적, 인류적인 것 등으로 나뉩니다. 그렇다면 어떤 식으로 대화를 해야 아이의 상상력이 자극될까요? 가장 쉽게 떠오르는 방법으로는 역사적인 인물들의 업적을 생각해보고 나라면 어떻게 했을지 상상해보는 거예요. "정약용이 유배를 가고 나서 정약용의 자녀들은 집이 망했다고 더 이상 책을 읽지 않겠다고 했대. 너라면 어땠을 것 같니?" "그게 맞는 일일까?" "그럴 때는 어떻게 하는 것이 좋을까?" 이렇게 묻고 생각해보게 하는 것이죠. 책을 읽고 내용을 다시 한 번 되새기는 것도 좋습니다. 《플라톤의 국가》를 읽었다면 "네가 생각하는 정의에 대해 한번 이야기해볼래?"라는 식으로 묻는 것입니다.

자연에서 오감으로 대화하는 아이

칼 비테 부자는 산책을 하다 야생화 같은 것을 발견하기도 합니다. 그러면 칼 비테는 꽃을 해부해서 각 부분의 특징과 작용에 대해 알려주었습니다. 메뚜기가 나오면 잡아서 관찰하기도 했습니다. 실제 눈앞에 보이는 것들을 자세히 들여다보며 교육했기 때문에 당연히 교실에서만 이루어지는 학교교육보다 훨씬 나았습니다.

칼 비테는 자연에서 발견되는 모든 것을 교육 재료로 활용했습니다. 시간이 날 때마다 아이와 함께 들에 나가 꽃과 풀, 자갈과 새를 관찰했습니다. 동물학, 식물학, 광물학, 물리학, 화학, 지질학 등 모든 분야를 망라해 이야기를 들려주기에 자연이 아주 적합했던 것입니다. 덕분에 칼은 좋아하는 식물 표본을 직접 만들거나 사물을 현미경으로 관찰해 기록을 남기기도 했습니다.

지적인 면에만 치중했던 것은 아니에요. 감성적인 면도 같이 나누었습니다. 한번은 칼이 애벌레를 관찰한 적이 있었습니다. 칼은 꼬물대는 애벌레가 징그러웠던지 뒷걸음치며 고개를 절레절레 흔들었습니다. 그때 칼 비테가 이 징그러운 애벌레가 훗날 모든 이들의 부러움을 사는 근사한 나비가 된다고 이야기해주었습니다. 아버지의 이야기에 크게 감명받은 칼은 《아름다움아, 어디서 왔니》라는 동화를 쓰기도 했습니다. 무시받고 조롱당하던 존재가 훗날 누구나 부러워하는 존재가 된다는 내용의 동화였습니다. 칼은 '성공을 하기 전에는 냉대를 받고 무시를 당하다가 성공한 후에는 찬탄과 존경을 받는 것을 보면 인간이나 동물이나 같다.'는 점을 느꼈던 것입니다. 자연에 대한 지식은 물론 감성적인 면도 풍부했기 때문에 이런 깊은 생각까지 했던 것이죠.

칼 비테는 칼이 최대한 자연을 즐기도록 정원을 꾸며주고 꽃과 채소도 심어주었습니다. 칼은 시키지 않아도 알아서 식물들을 돌보고 잡초를 뽑았습니다. 새도 키우고 고양이와 강아지도 길렀습니다. 시간을 정해두고 동물들에게 먹이도 주고 물도 주면서 동물을 사랑하는 마음, 그리고 집중력과 책임감도 배웠던 것입니다.

학습 의욕을 키워주는 전문가와의 만남

칼 비테는 아들이 각 분야의 전문가나 학자들과 대화할 자리도 마련했습니다. 책을 쓴 저자의 강의에도 부지런히 데리고 다녔습니다.

한번은 수학자를 만날 기회가 있었습니다. 동료 목사를 만나러 갔다가 그의 친구인 수학 교수를 만났던 것입니다. 칼 비테는 이 기회를 틈타 아들의 수학 공부를 어떻게 하면 좋을지 상담을 받아보기로 했습니다. 예전에 숫자를 가르치고 시장놀이도 했지만 칼은 흥미를 느끼지 못했던 것입니다. 구구단을 외울 때는 외우기 싫다고 투정을 부리기도 했죠. 여섯 살의 나이에 각 분야에 걸쳐 놀라운 지식을 쌓고 있던 아이가 유난히 수학만 싫어하고 잘못하는 것을 보면서 칼 비테는 크게 걱정했습니다. 모든 분야에 걸쳐 천재가 돼야 하는 것은 아니지만 다방면에 걸쳐 고르게 발전해야 행복한 인재가 되리라는 생각이 들었던 것입니다.

아이가 수학을 싫어하고 잘못해서 걱정이라는 말을 듣고 수학 교수는 단번에 상황을 파악합니다.

"아이가 수학을 싫어하는 것은 둘째 치고 목사님이 수학을 싫어하네요. 그런 태도가 그대로 전달되면서 아이도 수학을 싫어하는 거예요. 목사님이 좋아하는 언어학, 음악, 천문학, 역사는 즐겁게 가르쳤고 동물학, 식물학, 지리에도 흥미를 갖게 했지만 목사님이 싫어하는 수학은 재미없게 가르칠 수밖에 없었던 거지요."

수학 교수는 재미있게 수학 공부를 하는 방법을 알려주었습니다. 그리고 아무리 아이가 재미있어해도 15분을 넘기지 말라고 충고해주었습니다. 머리를 쓰는 놀이라서 그 이상은 피곤해진다는 것이죠.

칼 비테는 교수가 알려준 대로 칼과 게임을 하면서 수학과 친해지기로 했습니다. 콩과 단추를 한 움큼씩 쥐어 누가 더 많이 가졌나를 세어보거나 주사위를 던져 나온 숫자를 더해 누구의 점수가 더 높은지 겨루는 게임을 했죠. 이후에 칼은 수학을 정말 좋아하게 되었습니다.

이렇게 각 분야의 전문가를 만나보는 것은 학습 의욕을 고취하는 데 정말 효과적인 방법입니다. 제가 초등학교에 근무할 당시 아이들이 관심 있어 하는 분야의 교수님들에게 만나달라는 이메일을 보내게 한 적이 있습니다. 초등학생들의 메일에 교수님들이 과연 만나줄까 싶었는데 의외로 교수님들은 아이들을 아주 반갑게 맞아주었습니다. 아이들은 수학 교수님을 만나 수학의 원리를 자세하게 듣고 질문하는 시간을 가졌습니다. 아이들의 만족도는 대단히 높았습니다. 무서울 줄로만 알았던 교수님이 친절하게 이야기도 해주고 과자도 사주고 수학 시간에 어려웠던 부분에 대해 굉장히 쉽게 설명해주더라는 것이죠. 이런 일들이 아이들에게 굉장히 좋은 영향을 주었습니다. 기억에 오래 남기도 하고 훗날 공부할 계기를 마련해주기도 합니다.

체험이 강렬하면 통렬한 대화가 이루어진다

칼 비테의 토론은 책상 앞에서만 이루어진 것이 아닙니다. 시간이 날 때마다 학자를 찾아다닌 것은 물론 박물관, 미술관, 동물원, 공장, 광산 등으로 아이를 데려가 견학을 하고 대화를 나눴습니다.

병원에 가서는 환자들을 보고 이야기를 나눕니다. 저 환자는 어쩌다가 병에 걸렸을까, 어떻게 치료하면 좋을까를 생각해봅니다. 의사에게 왜 의사가 되었는지, 어떤 면이 힘든지 물어보기도 합니다. 보육원에서는 좀 더 깊은 이야기를 나눕니다. 그 아이들은 어쩌다가 거기 있게 되었을까, 어떻게 돌봐주는 것이 아이들의 미래에 좋을까라는 인문학적인 대화를 끊임없이 나누었습니다.

요즈음 우리나라 아이들도 체험학습을 자주 합니다. 하지만 거기에는 토론이 결여되어 있습니다. 수동적으로 지켜보고 선생님의 설명을 듣는 것으로 체험학습은 끝이 납니다. 보고서를 쓰게 하지만 굉장히 형식적입니다. 그나마 교실에서만 수업을 하는 것보다는 낫겠지만 말이죠. 하지만 조금만 노력하면 칼 비테처럼 제대로 된 체험학습을 이끌 수 있을 텐데 아쉬운 마음이 듭니다.

우리의 체험학습과 칼 비테의 체험학습은 조금 다릅니다. 가장 큰 차이점은 우리의 체험학습이 장소에 초점을 맞추었다면 칼 비테의 체험

학습은 인간 이해에 목적을 두었다는 것입니다. 사람들이 어떻게 살아가는지 보여주고 아이가 다른 사람을 더욱 깊이 이해하게 했습니다. 타인을 이해하는 과정을 통해 아이가 성장하기를 바랐던 것입니다.

또 하나, 체험학습 전에 정말 열심히 준비했습니다. 우선 관련 서적을 열심히 읽혔습니다. 미술관에 가기 전에는 그 전시관에 있는 화가의 작품에 대해서 미리 조사하게 했습니다. 지식과 정보가 쌓인 상태이기 때문에 현장에서 더욱 활발하게 토론할 수 있었습니다.

칼 비테는 아이가 끊임없이 질문하게 했습니다. 그러면 자신이 아는 범위 내에서 최대한 알려주되, 단순히 지식을 전달하는 것이 아니라 상호작용을 통해 아이 스스로 깨닫게 했습니다.

마지막으로 칼 비테의 가장 빛나는 교육 방법은 낮에 아이가 밖에서 보고 느낀 것을 엄마에게 설명하게 했던 것입니다. 왜 엄마에게 설명하게 했을까요? 엄마는 견학에 따라가지 않았으니까요. 엄마는 집안일을 하느라 하루 종일 집에 있었기에 칼 비테와 아이가 밖에서 무슨 일을 했는지 알지 못합니다. 전혀 알지 못하는 사람에게 설명을 해야 하니 최대한 쉽게 풀어서 이야기해야겠죠. 쉽게 설명하는 것은 정말 어려운 일입니다. 자신이 완벽하게 알아야 남들이 알아듣기 쉽게 설명할 수 있거든요.

지식을 가장 잘 체계화시키는 방법이 바로 강의입니다. 다른 사람을 가르치는 과정을 통해 모호했던 부분을 명확하게 정리할 수 있습니다. 유대교에서도 이런 방법으로 학습을 많이 합니다. 무리를 지어 서로 가르치게 하는 것이죠. 조선시대 서당에서도 마찬가지였습니다. 학동 가운데 먼저 배운 아이가 나중에 온 아이를 가르쳤습니다. 칼 비테는 아이에게 미니 강의를 하게 함으로써 자신이 보고 느낀 것을 좀 더 구체적이고 명확하게 정리하게 했습니다.

집에 돌아가 엄마에게 이야기해주는 것을 습관화하다 보니 칼은 견학 중에 더욱 세심히 관찰하고 많은 것을 보고 느끼려고 했습니다. 이런 식으로 체험학습을 한 덕분에 칼 비테는 어린 나이에도 놀라운 수준의 지식을 갖추게 되었습니다.

부모의 대답보다 아이가 먼저 생각하게 하라

아이가 질문을 하는 경우 칼 비테는 바로 대답해주지 않았습니다. 먼저 아이가 생각하게 하고 나서 자신의 생각을 이야기해주었습니다. 만일 어떤 문제의 해결책에 대해 생각이 엇갈리면 둘이 어떤 부분을 다르게 해석했는지 차근차근 따져보았습니다. 예를 들어 보육원에 가면 칼은 이런 의문을 품겠죠.

"대체 왜 부모가 자신의 아이들을 버렸을까요?"

"글쎄, 왜 그랬을까?"

아마 칼은 부모들이 책임감이 없고 마음씨가 나빠서 아이들을 버렸다고 생각할지 모릅니다. 그러면 칼 비테가 다시 질문을 던집니다.

"정말 그 부모가 나빠서 그랬을까? 그 부모가 나쁜 행동을 할 수밖에 없는 어떤 환경이 있지 않았을까?"

그러고는 그런 환경에 대해서 서로 이야기를 나누는 것이죠. 이 과정을 통해 칼은 어떤 문제에 대해서든 편견을 갖지 않고 본질에 접근하려는 노력을 하게 되었습니다. 간혹 칼이 색다른 의견을 제시하면 칼 비테는 다음과 같이 말했습니다.

"네 생각이 일리가 있구나. 아빠가 틀렸을 수도 있으니 책에는 뭐라고 나와 있는지 찾아보자."

칼 비테는 절대 지적으로 아들을 짓누르지 않았습니다. 이야기를 나눌 때는 아들과 평등한 관계를 유지함으로써 아이가 자신감을 갖고 끊임없이 진리를 탐구하게 했습니다.

한편 칼 비테는 아들에게 마을 지도를 직접 그려보게 했습니다. 지도를 그리기 전에 먼저 아이를 데리고 이웃 마을에 놀러가 숲을 탐험하고 강에서 물장난을 치다가 가장 높은 곳에 올라갑니다. 그러고는 거기서 강이 흐르는 방향이나 숲의 위치 등을 관찰하게 했습니다. 정확하게 지형을 익히기 위해 마을을 몇 바퀴 돌았습니다. 칼은 모든 것을 놀이로 받아들였기 때문에 지치지도 않고 신나게 주변을 관찰했습니다. 그러고는 집에 와서 엄마에게 자신이 관찰한 것들을 자세하게 설명합니다. 보고 있는 동안에는 모두 아는 것 같았지만 막상 설명해보면 자신이 어떤 부분을 놓쳤는지, 어떤 부분을 자세히 관찰하지 않았는지 알게 됩니다.

그렇게 며칠 동안 이웃 마을을 오가며 대략의 지형을 파악한 후에 종이와 연필을 들고 그 마을의 제일 높은 탑에 올라갑니다. 그리고 거기서 간단한 지도를 그렸습니다. 이미 몇 번이나 그 마을을 오가며 지형을 익혔기 때문에 칼은 어려움 없이 지도를 그려냅니다. 그 후에 서점에서 지도를 사서 자신이 그린 것과 비교하며 수정합니다. 이런 과정을 거쳐 정확한 지도가 완성되죠. 칼 비테의 적절한 교육 덕분에 칼은 여섯 살의 나이에 세밀한 지도를 그리게 되었습니다.

칼 비테의 교육법을 보면 서양 명문가의 교육과 굉장히 유사합니다.

케네디 대통령의 어머니 로즈 여사 역시 어린 시절부터 아이들에게 책을 읽히고 토론을 시켰습니다. 그녀는 아이가 4~6세부터 책을 읽고 토론 훈련을 해야 한다고 주장했어요. 하지만 책만 읽혔던 것은 아닙니다. 신문을 통해 세상을 살아가는 데 필요한 정보와 지혜를 얻게 했습니다. 놀이를 통해서도 많은 것을 배우게 했습니다. 여행 중에는 식물이나 꽃의 이름을 알아맞히는 게임을 하는가 하면 여행지의 지명이나 역사에 대해 이야기를 나눴습니다. 칼 비테처럼 지도를 그리게도 했습니다.

여행을 통해 이야기하다

칼 비테가 했던 토론 교육의 절정은 바로 여행이었습니다. 칼 비테는 아들과 정말 여행을 많이 다녔습니다. 돈이 많아서 마음 편하게 여행을 다녔던 것은 아니었습니다. 가난하니까 돈을 아껴서 싸구려 여인숙에 묵거나 마차 대신 도보로 여행했습니다.

이런 여행은 칼이 네 살 때부터 시작되었습니다. 만 네 살이면 화장실도 혼자 가고 제법 체력도 생기는 나이죠. 칼은 그때부터 여행을 시작해 여섯 살 무렵에는 독일의 모든 대도시를 둘러본 상태였습니다. 그래서 칼은 일곱 살에 이미 그 도시에서 굉장히 견문이 풍부한 사람이 되어 있었습니다.

물론 당시에도 여행을 사치라고 말하는 사람이 있었습니다. 그냥 책이나 사주면 되지 굳이 여행까지 갈 필요는 없다는 것이었죠. 하지만 칼 비테는 아이의 진리 탐구에 대한 열의를 만족시키기 위해서라면 어떤 일이든 돈이 아깝지 않다고 생각했습니다. 마술의 비밀을 가르쳐주기 위해 일일 가정교사로 마술사를 부른 적도 있을 정도였습니다.

칼 비테는 특히 여행이 굉장히 가치 있다고 생각했습니다. 칼이 마젤란이나 콜럼버스 등의 전기를 읽고 바다를 보고 싶어 하면 바로 바다로 달려갔습니다. 당시 독일에서 바다를 보러 간다는 것은 보통 일이 아니었습니다. 독일은 내륙에 위치한 나라입니다. 수레를 타고 바다가 있는 곳까지 가기 위해서는 몇 개국을 거쳐야 했습니다. 지금으로 말하면 우리나라에서 비행기를 타고 아프리카에 가는 여정보다 힘들고 기나긴 여행을 해야 했음에도 칼 비테는 주저하지 않았습니다.

바다에 가서는 모래성도 쌓고 조개껍데기도 주우면서 즐거운 시간을 보냈습니다. 해변이 아이에게 지리에 대한 개념을 심어주기 좋은 장소라는 생각에 지구본을 가져가 세계 지리도 가르쳤습니다.

칼 비테의 생각은 바로 이것입니다. '백문百聞이 불여일견不如一見.' 어떤 학습보다 직접 보는 것이 낫다는 생각이었습니다. 칼 비테가 아들과 함께한 여행은 그 자체가 문화이자 공부였습니다. 여행을 가서도 책을 읽고 대화를 나누며 새로운 것을 발견하기 위해 노력했습니다.

우리나라 아이들도 해마다 수학여행을 갑니다. 하지만 아이들이 수학여행 이후 성장하는 부분이 있을까요? 단체로 떠나는 여행에는 한계가 있습니다. 칼 비테가 살았던 당시에도 단체 여행이 있었다고 합니다. 하지만 칼 비테는 절대 단체 여행은 가지 않았습니다. 그것은 여행이라기보다는 극기 훈련에 가까웠기 때문입니다.

제가 처음 해외여행을 시작한 것은 서른일곱 살 때였습니다. 요즈음에는 어린아이들도 방학이면 부모와 해외여행을 떠납니다. 연휴가 되면 공항은 출국하는 인파로 터질 지경이죠. 이런 시대에 서른일곱에 처음 해외여행을 떠났다는 것은 굉장히 늦은 편이었죠. 인생의 어느 시점까지는 여행을 다닐 만한 돈이 없었습니다. 게다가 어떤 책에서 본 글

귀 때문에 의도적으로 해외여행을 자제했습니다. "당나귀가 여행을 떠났다고 말이 되어 돌아오는 것은 아니다."라는 말이었습니다. 이 말이 저에게는 도전처럼 들렸습니다. 말이 되어 여행을 떠나야지, 당나귀 단계에서 여행을 하고 싶지는 않았던 것입니다. 어떻게 보면 제가 책을 잘못 읽었다고 할 수도 있겠습니다. 그 말이 여행을 떠나지 말라는 의미는 아니었을 테니까요.

어쨌든 서른일곱 살에 처음으로 외국 땅을 밟았습니다. 제가 캄보디아 빈민촌에 학교를 세웠는데 거기에서 한번 와달라고 하더군요. 그래서 처음으로 비행기를 타고 해외에 갔습니다. 이전까지 해외여행에 대해 가졌던 생각이 깨지면서 정말 좋은 시간을 보냈습니다. 아마 첫 여행으로 휴양지에 가서 쉬엄쉬엄 놀다 왔다면 지금처럼 여행 찬미자가 되지 않았을지도 모르겠습니다. 당나귀가 여행을 떠난다고 말이 되어 돌아오는 것은 아니라지만 저는 왠지 말이 될 수도 있겠다는 생각이 들었거든요.

또 한번은 인도네시아에 갔습니다. 거기에도 학교를 세웠거든요. 저와 일행이 머무는 동안 차를 운전해주는 기사가 있었습니다. 차를 타고 해변을 달리는데 정말 아름답더군요. 그래서 제가 기사에게 말을 건넸습니다. 당신은 여기 사니까, 이렇게 아름다운 광경을 매일 볼 수 있어서 행복하겠다고요. 진심으로 부러워서 던진 말이었는데 뜻밖의 대답이 돌아왔습니다. 자기는 이 해변이 정말 싫다는 것이었습니다. 지긋지긋하다고요. 처음에는 이 친구가 매일 아름다운 풍경을 보다 보니 질린 모양이라고 생각했습니다. 아무리 맛있는 음식이라도 매일 먹으면 지겨운 것처럼요. 그래서 제가 다시 말했습니다. 한국에서는 이런 해변을 보려면 몇 시간 동안 차를 타고 가야 하고 이렇게 아름답지도 않다고. 내 생각에는 여기가 정말 천국 같다고. 그랬더니 기사가 말하더군요.

"나는 한국에 가고 싶어. 돈이 너무 없어서 힘들어. 나는 한국에 가서 1년 정도 돈을 벌고 싶어. 이런 해변은 우리에게 축복이 아니야. 이 바다 때문에 우리는 발전하지 못하고 계속 이렇게 가난하게 사는 거야."

저는 굉장히 충격을 받았어요. 그러고 나서 다시 밖을 바라보니 방금 전까지 아름답게만 보이던 해변이 왠지 낯설게 느껴지더군요. 그전에는 해변에서 태닝을 하고 즐겁게 놀고 있는 서양 사람들이 눈에 들어왔는데 이제는 그 옆에서 고된 노동을 하고 있는 인도네시아 노동자들이 보였습니다. 근사한 해변을 보면서 저도 그런 생각을 했었거든요. 그런 곳에 한가하게 머물면서 책을 쓰고 싶다고.

하지만 기사와 대화를 나눈 후에는 제가 그런 생각을 했다는 것 자체가 부끄러워졌습니다. 그리고 입장을 바꿔 생각해보게 되었습니다. 만일 우리나라의 어떤 도시가 전혀 개발되지 못하고 자연 그대로 남아 있다면, 그래서 그곳의 삶이 불편하고 주민들은 일자리도 없이 가난하다면, 그런데도 서양 사람들은 개발되지 않은 그곳이 정말 아름답다며 잔뜩 찾아와 신나게 즐긴다면 우리는 기분이 어떨까요? 개발되지 않은 자연의 평화롭고 근사한 풍경이 아름답게 느껴질까요? 그 기사와의 대화는 저를 인간적으로 성장시켜주었습니다.

아이와 인문학적인 여행을 떠나자

인문학적인 여행이 대체 무엇인지 감이 잘 오지 않을 것입니다. 여행지에서 열심히 책을 읽다 오는 여행인가 하고 생각하실 분들도 계실 것입니다. 아마 아인슈타인이 즐겼던 여행이 바로 인문학적인 여행일 것입니다.

아인슈타인은 1박 2일 여행을 자주 떠났습니다. 밤새도록 토론을 하다가 격렬해지면 상대에게 "자, 우리 여행을 갈까?"라고 제안합니다. 도보여행을 떠나거나 기차여행을 하는 것이죠. 그리고는 여행지에 도착해서 또 신나게 토론을 합니다. 그렇게 인간적인 친밀감을 쌓고 돌아오는 것입니다.

하이젠베르크의 책 《부분과 전체》를 통해 당시 인문학적인 여행의 단편을 엿볼 수 있습니다.

하이젠베르크가 10대 시절의 이야기입니다. 어느 쾌청한 봄날 고등학교 졸업 시험을 앞둔 하이젠베르크는 자신보다 나이가 어린 10여 명의 친구들과 함께 도보여행을 떠납니다. 그들은 슈타른베르크 호의 서쪽 언덕을 따라 걷고 있었죠. 그러다 원자 세계에 대한 첫 대화가 이루어집니다.

우선 하이젠베르크는 옆에 있던 쿠르트에게 물리학 교과서에 있는 도해가 완전히 무의미하게 여겨진다고 말합니다. 후크나 고리 같은 것은 사람들이 임의로 만들어놓은 형성물이기 때문이죠. 원자는 자연법칙의 결과이고 분자도 자연법칙에 따라 형성되어야 하기 때문에 이런 임의성으로는 분자를 설명할 수 없다는 것이었습니다. 그러자 쿠르트는 자신도 마음에 들지는 않지만 교과서 집필자들이 그런 그림을 실은 이유를 생각해봐야 한다고 말합니다.

그러자 묵묵히 걷던 로베르트가 대화에 끼어들었습니다. 아마 누군가 상대를 정해놓고 이야기를 나누었다기보다는 누구라도 흥미가 있으면 말을 걸고 거기에서 생각이 확장되는 식으로 대화를 이어나갔던 것 같습니다. 어쨌든 로베르트는 이런 이야기를 합니다. "너희처럼 자연과학을 공부하는 사람들은 너무나 쉽게 경험적 사실에 의지해버리고, 또 그것으로 진리를 얻었다고 믿어버리지. 우리는 사물들을 직접 인지하지 못하기 때문에 그것들을 먼저 표상으로 변화시키고 나서 개념을 형성해야 해."

고등학생들이 이런 대화를 나누었다니 정말 입이 다물어지지 않습니다. 아마 이런 학생들을 가르치는 교사들은 더욱 수준 높은 토론을 했을 것입니다. 이런 것이 당시 독일 학교에서 상식으로 받아들여지던 인문학적인 토론이었습니다. 21세기의 과학혁명이 이런 배경에서 나왔겠죠. 그런데 놀랍게도 하이젠베르크는 이런 대화를 '잡담'이라고 불렀습니다. 본격적인 토론은 저녁에 모닥불을 피워놓고 시작했습니다.

그날 밤 하이젠베르크는 물질의 최소 단위에 대한 철학적 사색에 대해 이야기하다 플라톤의 《티마이오스》 중에 이해되지 않았던 부분을 이해하게 됩니다. 그동안 불합리하게 여겨졌던 구조가 갑자기 그럴듯하게 보였다는 것이 아니라 처음으로 그런 구조에서 하나의 가능성을 보았던 것입니다. 하이젠베르크는 인간이 철학적 사색을 통해 물질의 최소 단위까지 사색할 수 있을지를 의심했었습니다. 하지만 그날 모닥불을 피워놓고 친구들과 토론을 하다가 그것이 가능하다고 생각하게 되었던 것입니다. 그는 여기에서 양자론을 발전시키게 됩니다. 21세기 문명은 양자론에 기초하여 발달했고 스마트폰 역시 양자론에 토대를 두고 있습니다. 즉 충격적이게도 21세기 과학혁명은 두 고등학생의 대화에서 시작된 것입니다.

환경을 바꾸면 시선이 바뀌면서 새로운 발견이나 깨달음을 얻을 수 있습니다. 이것이 바로 인문학적인 여행이 주는 결실입니다. 그렇다고 우리가 이런 식으로 토론을 해야 한다는 말은 아닙니다. 100분의 1을 따라 하기도 쉽지 않겠죠. 하지만 진짜 토론이 어떤 것인지는 알아두자는 것입니다. 비슷하게 따라 하다 보면 인류의 역사를 뒤바꿀 발견까지는 아니더라도 최소한 아이에게 좋은 부모는 될 수 있지 않을까요?

그런 의미에서 시간이 날 때마다 아이와 함께 인문학적인 여행을 떠나시길 권합니다. 뭔가 대단한 준비를 하고 공부를 하고 떠나라는 것은 아닙니다. 유럽처럼 박물관이 많은 곳까지 가라는 것도 아닙니다. 물론 유럽에 가면 새로운 문화적 충격을 받을 수는 있겠지만 인문학적인 여행은 굳이 어느 곳에 가느냐가 중요하지 않습니다. 매일 머무는 일상의 공간을 떠나 서로의 생각을 깊게 들여다보면서 사고의 틀을 넓히는 것이 인문학적 여행의 핵심이니까요.

지식 교육보다 더 중요한
세상과 관계 맺기

: 칼 비테의 인성 교육법

· · ·

칼 비테는 아들을 천재로 키운 사람이지만 사실 지식 교육보다 인성 교육을 더 중시했습니다. 그 결과 아들을 '행복한 천재'로 키울 수 있었다고 고백했습니다. 칼 비테 주니어는 아버지에 대해 이렇게 회상했습니다.

"세상 사람들은 모두 우리 아버지에게 어떻게 하면 아이를 천재나 신동으로 키울 수 있을지에 대해서만 물어보았습니다. 그들은 제가 받은 지능 교육에만 관심이 있었던 거죠. 제가 받은 도덕 교육과 인성 교육에 대해 궁금해하는 사람은 없었습니다."

칼 비테는 세상에 아이의 인격을 키워주는 전문적인 기관은 없다고 했습니다. 그 일은 전적으로 부모의 몫이라는 것이었습니다. 부모는 아이와 가장 가까운 사람으로서 가장 오랜 시간 붙어 있기 때문에 자기도 모르게 교사의 역할을 하게 됩니다. 아이가 좋은 사람으로 성장하느냐 나쁜 사람으로 성장하느냐는 전적으로 부모에게 달려 있다고 해도 과언이 아닐 정도지요. 그러니 부모가 먼저 아이에게 좋은 모습을 보이고 그것을 따라 하게 해야 한다는 것이었습니다. 여기서는 칼 비테의 인성 교육에 대해 이야기해볼까 합니다.

왜 인성 교육을 중시했는가

칼 비테 주니어와 비슷한 교육을 받은 학자 중에 존 스튜어트 밀이 있습니다. 존 스튜어트 밀은 어떤 면에서 칼보다 더 좋은 교육을 받았습니다. 세 살 때부터 그리스어를 배우기 시작해서 일곱 살에는 벌써 《플라톤의 대화편》을 읽었습니다. 여덟 살에는 라틴어를 배웠고 수많은 문학 작품과 역사서 등을 읽었으며 열두 살부터는 논리학과 경제학을 배웠습니다. 그런데 존 스튜어트 밀의 아버지 제임스 밀은 도덕 교육이나 인성 교육에 대해서는 고려하지 않았습니다. 천재적인 학문적 역량을 지닌 밀은 스무 살이 되면서 심각한 정신적인 문제를 갖게 됩니다. 물론 나중에 이런 문제를 극복하긴 하지만요.

그러면 잠깐 동양의 교육은 어땠는지 생각해볼까요? 동양에서는 글을 가르치기 전에 먼저 사람됨을 가르칩니다. 물론 모든 집에서 그랬던 것은 아니지만 적어도 제대로 교육하는 집안에서는 그랬습니다. 조선 시대의 기록을 보면 그런 일화들이 나옵니다. 거짓말을 하면 무섭게 회초리를 맞지만 공부를 못했다고 회초리를 맞지는 않습니다. 마을 어른들에게 예의 없게 굴거나 도의에 어긋난 일을 하면 부모들은 호되게 회초리를 때립니다. 아이들에게 그런 바탕을 가르쳤기에 훗날 나라에 위기가 닥치면 의병이 일어났던 것이겠죠. 의병은 나라의 명령에 의해서가 아니라 본인의 의지에 의해 전쟁터에 나간 사람들입니다. 그들은 나라를 위해 목숨 바쳐 싸우는 것을 당연하게 생각했습니다. 이런 사람들이 있었기에 우리는 임진왜란 같은 큰 전란을 극복할 수 있었습니다.

서양에서는 기독교 문화 안에서 인성 교육이 이루어졌습니다. 부모는 아이에게 하나님 말씀대로 사는 인간이 되어야 한다고 가르쳤습니다.

칼 비테는 도덕 교육을 중시한 덕분에 아이가 행복한 천재가 되었다고 말했습니다. 그는 왜 그렇게 인성 교육을 중시했을까요? 도덕 교육, 인성 교육이 결여되면 아무리 대단한 교육을 받아도 결국 사회악社會惡으로 자랄 수밖에 없기 때문입니다.

사회악이라고 하면 유영철 같은 연쇄 살인범을 떠올리시겠죠. 물론 그런 살인범은 악 중의 악입니다. 하지만 칼 비테가 말하는 사회악은 훨씬 범위가 넓습니다. 사람에 대해 무지하고 어리석은 것까지도 악이라고 규정했습니다. 내가 이런 말을 하면 상대방이 어떤 생각을 할까 혹시 상처를 받지는 않을까 하는 고민을 하지 않는 사람들도 사회악이라고 불렀던 것입니다.

사람과 세상에 대한 이해가 부족하면 타인과 건전한 관계를 맺는 방법을 모르기 때문에 잔인한 사람이 되고 맙니다. 자신을 혹은 타인을 학대하면서도 그게 옳다고 생각하는 것이죠. 자식을 학대하면서도 올바로 교육하는 것으로 오해하고 스스로 잘하고 있다고 생각하는 것입니다. 그렇기에 그는 결국 사회악이 되고 맙니다.

그럼 어떤 교육을 받은 사람들이 사회악이 될까요? 칼 비테는 책에만 둘러싸여 사는 책벌레가 사회악으로 자랄 확률이 높다고 했습니다. 인성 교육을 받지 않고 지식 교육으로만 무장한 사람들은 사회악으로 자라난다는 것입니다.

어떻습니까? 지금 우리 사회에도 제대로 들어맞고 있지 않은가요? 각 분야에서 한 번도 실패하지 않고 승승장구한 엘리트들이 상상할 수도 없는 범죄를 저지르고 사회를 망쳐놓았습니다. 그들은 바른 인격과 품격으로 문제를 해결하는 대신 힘과 돈으로 모든 일을 해결하려고 했습니다. 과거 우리나라 고위 공직자의 상당수가 이런 식이었습니다. 인성 교육을 제대로 받지 않은 일부 재벌 3세들도 마찬가지입니다. 그들은 타인이 느끼는 모멸감에 대해서는 전혀 관심이 없습니다. 화가 나면 분을 참지 못하고 닥치는 대로 눈앞에 보이는 것들을 집어던집니다. 아마 경영 수업을 받는답시고 한국에서든 외국에서든 학위도 받았을 것입니다. 하지만 결정적으로 인성 교육을 제대로 받지 못한 탓에 다른 사람에 대한 공감 능력이 현저히 떨어집니다. 우리는 인성 교육의 부재가 얼마나 무시무시한 결과를 가져오는지 이미 잘 알고 있습니다. 인성 교육이 부재하는 사회에서는 힘없고 돈 없는 사람들이 모든 피해를 떠안게 됩니다.

사실 칼 비테가 말하는 인성 교육은 그리 어려운 것이 아닙니다. 도덕 교과서에 나올 법한 따분하고 이상적인 이야기도 아닙니다. 아이들이 바르고 행복하게 성장하기 위해 반드시 배워야 할 실용적인 이야기입니다. 칼 비테는 올바른 인성을 가진 사람이 진정 자유롭고 행복한 존재가 된다는 것을 알고 있었습니다. 그렇기에 지식 교육보다 인성 교육을 더 중요시했던 것입니다.

　인성 교육이란 덕을 가르치는 것입니다. 《논어》에 나오는 군자君子는 덕자德子, 즉 덕이 있는 사람입니다. 공자가 말하는 덕이란 무엇일까요? 바람직한 행동 기준인 도道를 실천하여 얻게 되는 옳은 품성입니다. 지속적으로 바른 일을 해야 얻을 수 있는 것입니다. 《논어》에서는 인의예지仁義禮智, 그러니까 어질고 착한 마음, 바른 마음, 타인을 배려하는 마음, 세상의 이치를 분별하는 마음이 바로 덕이라고 했습니다. 이것이 동양의 덕입니다.

우리에게는 낯선 인성 교육

요즈음에는 학교에서도 인성 교육을 중시해야 한다고 말합니다. 마음의 바탕, 사람의 됨됨이를 바르게 하는 교육을 바로 인성 교육이라고 합니다. 어떻게 생각하면 굉장히 원론적인 말입니다. 집에서건 학교에서건 바른 인간이 되어야 한다는 말을 귀에 못이 박이도록 듣잖아요.

그런데 학창 시절에 인성 교육을 제대로 받아보신 분이 계신가요? 제가 학교에서 받은 교육은 지식 교육뿐이었습니다. 학창 시절 저는 아침 6시 반이면 집을 나서서 하루 종일 학교에 있다가 10시가 넘어서야 집으로 돌아왔습니다. 아침의 보충수업부터 저녁의 자율학습까지 하루 종일 책상에 앉아 공부를 해야 했습니다. 그런 시대에 인성 교육은 사치나 다름없었습니다. 그런 교육을 받고 자라나 대학에 들어갑니다.

대학에 들어가면 가장 먼저 무엇을 합니까. 바로 신입생 환영회입니다. 요새는 신입생 환영회가 어떻게 바뀌었는지 모르겠지만 간간이 뉴스에서 들려오는 이야기들을 보면 어전히 저희 때와 비슷한 형테로 진행되는 듯합니다. 선배들이 후배들에게 기합을 줍니다. 이유도 없어요. 그저 선배라는 이유로, 단지 후배라는 이유로 기합을 주고

기합을 받으면서 한마디 불평도 하지 못합니다. 학대로 시작해서 학대로 끝나는 관계를 맺고 나면 서로 믿음직한 돈독한 사이가 된 것 같습니다.

회사에서도 마찬가지입니다. 신입 사원 수련회에서 극기 훈련은 빠지지 않는 코스입니다. 그런 극한 상황에서 빠져나오면 갑자기 애사심과 동료애가 불끈불끈 솟아나는 듯합니다.

강압적인 문화에 길든 우리가 어떻게 다른 사람과 관계를 맺어야 하는지 제대로 모르는 것은 당연합니다. 그래서 누군가와 친해지기 위해 가장 손쉽게 선택하는 것이 바로 술입니다. 맨 정신으로 인간관계를 맺는다는 것이 어쩐지 쑥스럽고 어색해서 술의 힘을 빌리는 것입니다. 자신의 한계를 시험하듯 밤새 술을 마시고 비틀비틀 길거리에 토사물을 뿜어내고 나면 그 관계가 굉장히 끈끈해진 것처럼 느껴집니다. 상대방이 어떤 사람인지 진지하게 탐색하고 이야기를 나누기보다는 서로 한껏 풀어진 후에 "어제 우리 죽을 뻔했지. 그 엄청난 술을 마시고도 살아남다니 우리가 진정한 승리자야."라며 친교를 맺는 것입니다.

이런 식으로 사람들과 관계를 맺고 새로운 집단에 동화된 우리에게 인성 교육은 정말 낯설 수밖에 없습니다. 우리는 먼저 자신을 진지하게 돌아보고 치유하는 과정이 필요합니다. 어떻게 치유하냐고요? 책을 읽으면 됩니다. 자신을 솔직하게 바라보면서 자신의 고통을 파악하고 이를 극복하기 위해 책을 읽고 잃어버린 본질을 찾는 것이죠. 온전히 우리 안의 상처를 치유한 후에야 비로소 우리 자녀에게도 진정한 인성 교육을 시작할 수 있습니다.

저도 독서를 통해 내면에 피해의식과 강박관념이 가득하다는 것을 깨닫게 되었습니다. 책을 읽으면서 저는 스스로를 치유하기 시작했습니다. 아마 많은 분이 저와 비슷한 피해의식과 강박관념을 품은 채로 아무런 치유도 받지 못하고 살아갈 것입니다. 이제 책을 펼치고 그 안에서 참된 자아를 찾아보세요.

진리를 가르쳐라

칼 비테는 구체적으로 어떤 덕목을 가르쳐야 한다고 생각했을까요? 먼저 진리를 가르쳐야 한다고 생각했습니다.

칼 비테가 말하는 진리에는 두 가지가 있습니다. 먼저 성서적인 진리입니다.

성서에 따르면 인간은 영혼을 가진 존재입니다. 죽은 후에는 그 영혼이 심판을 받게 되죠. 그렇다면 내 삶의 기준은 무엇이 되어야 할까요? 바로 죽음 이후의 삶입니다. 심판을 받은 후의 삶 말이죠. 과연 심판의 기준은 무엇일까요? 바로 예수그리스도에 대한 믿음입니다.

예수그리스도는 사랑 그 자체입니다. 당시 중동의 법은 '뺨을 한 대 맞으면 너도 똑같이 상대방의 뺨을 때려주어라.'라는 식이었습니다. 누가 눈을 찌르면 똑같이 눈을 찔러주어야 했죠. 모두들 이것이 공평하고 옳다고 생각했습니다. 그런데 예수는 다른 말을 했습니다. 누가 오른뺨을 때리면 왼뺨도 내밀라는 것이었습니다. 즉 악한 자를 악으로 대하지 말라는 뜻이었습니다. 왜 그럴까요? 바로 그를 사랑하기 때문입니다. 이것이 성서의 진리입니다. 예수는 머리에 가시면류관을 쓰고 십자가에 못 박힌 채로 마지막 기도를 올립니다.

"아버지, 저들을 용서해주십시오. 저들은 자기들이 무슨 일을 하는지 모릅니다."

예수는 자신을 십자가에 못 박은 이들까지도 사랑했습니다. 그러니까 예수그리스도의 뜻에 맞게 산다는 것은 사랑과 용서의 삶을 산다는 의미입니다. 내 삶에 얼마나 많은 사랑과 용서가 있었나가 심판의 기준이 되는 것이죠.

그렇다면 우리는 어떻게 살아야 할까요? 타인과 대립하고 갈등하는 대신 사랑하고 용서하며 살아야 합니다. 그 과정에서 바른 인성을 기르게 되는 것입니다.

칼 비테가 말하는 두 번째 진리는 철학적 진리입니다. 이것은 수많은 철학자들이 말하는 진리입니다.

플라톤의 진리는 이데아의 세계에 있습니다. 우리가 사는 세계는 그림자일 뿐이고 가짜일 뿐인데도 우리는 그 허상들을 진짜로 착각하며 살아간다는 것이죠. 세상은 관념의 그림자일 뿐이므로 진리에 닿기 위해서는 모든 감각으로부터 해방되어야 한다고 주장했습니다.

반면 플라톤의 제자 아리스토텔레스에게 진리는 현실 세계에 있는 것이었습니다. 그러니 현실을 제대로 파악하자는 것이었습니다.

데카르트가 말하는 진리는 '생각하는 나'입니다. 확실하다고 생각하는 것이 사실은 관습적인 사고에 지나지 않을 수도 있으므로 감각적인 인식은 확실하지 않다고 했습니다. 그러면서 모든 것이 거짓이더라도 그런 의심을 하고 있는 내가 존재한다는 것은 확실하다고 했습니다. 그렇기에 더 이상 의심할 수 없는 명제인 "나는 생각한다, 고로 존재한다."는 진리라는 것이었습니다.

　서양 철학의 아버지인 소크라테스는 진리 앞에서 타협하지 않았습니다. 정의를 지키기 위해 목숨도 아끼지 않았습니다. '돈 많고 힘 있는 자가 너를 핍박하더라도 거기에 굴하지 말고 네가 생각하는 정의를 지켜라.' 이것이 바로 도도한 서양 인문학의 정신입니다. 언론인들이 목숨을 걸고서라도 권력자의 비리를 밝혀야겠다고 마음먹게 하는 정의로움이 바로 여기에서 나옵니다.

■ 인간의 어리석음

진리를 추구하는 삶이란 육체의 어리석음에서 벗어나 찬란한 영혼의 세계에 도달하려는 것이라고 칼 비테는 말합니다. 육체의 어리석음이란 무엇일까요? 신약성서에 보면 다음과 같은 구절이 나옵니다.

> "그 안에 생명이 있었으니 이 생명은 사람들의 빛이라. 빛이 어두움에 비치되 어두움이 깨닫지 못하더라." ─〈요한복음〉 1장 4절

　빛이 있지만 어둠은 빛을 보지 못합니다. 그렇기에 어둡습니다. 빛이 없어서 어두운 것이 아니라 빛을 제대로 보지 못해 어두운 것입니다. 즉 우리를 구원하기 위해 빛으로 오신 예수를 우리가 어리석기 때문에 알아보지 못한다는 것입니다. 이것이 성서에서 이야기하는 육체의 어리석음입니다.

철학적인 면에서 육체의 어리석음이란 앞서 언급했던 플라톤의 이데아론으로 설명할 수 있습니다. 감각의 세계에 빠져 눈앞에 보이는 허상을 진실이라고 믿는 것은 어리석다는 뜻입니다. 우리 눈앞에 있는 스마트폰은 가짜입니다. 진짜 스마트폰은 이데아의 세계에 있습니다. 그런데 우리는 미처 그것을 알지 못한 채 눈앞의 스마트폰을 진짜라고 생각합니다. 어리석게도 말이지요.

기본적으로 육체에는 어리석은 특징이 있습니다. 인간의 본성은 아주 게으릅니다. 또한 완전해지는 것을 원하지 않습니다. 그저 편안하게 지내기를 원하죠. 그렇기에 진리를 추구하는 삶을 가르치지 않으면 인간은 평생 불완전하게 살아갈 수밖에 없습니다.

■ **노예가 아닌 자유인이 되라**

유럽의 중세를 지배하던 로마 가톨릭은 잘못된 사상을 가지고 있었습니다. 이 세상은 헛것이므로 이 세계에 지나치게 관심을 두면 안 된다고 주장했던 것입니다. 그래서 물질적인 것을 훌륭하게 만드는 것은 지나치게 세속적이라고 여겼습니다. 물질이나 부富 등에 미혹되면 하늘나라를 제대로 보지 못할 거라고 생각했던 것이죠.

그러다 칼뱅의 종교개혁 이후 사람들은 새로운 질문을 하게 됩니다. 로마 가톨릭은 성서적이지 않다. 그렇다면 진정으로 성서적인 삶이란 무엇인가. 그 대답은 우리의 모든 삶이 예배여야 한다는 것이었습니다. 우리가 그림을 그리는 이유는 하나님에게 바치기 위해서입니다. 그러니 흠이 있으면 안 되고 최대한 완벽하게 그려야 합니다. 빵을 만드는 것도 마찬가지였습니다. 완벽한 빵을 만들어야 합니다. 왜냐하면 내가 만드는 빵이 내 삶의 예배이기 때문이죠.

그러므로 진리를 추구하는 교육이란 현실 세계에서 완벽한 존재가 되기 위한 교육이었습니다. 완벽한 예술가, 완벽한 노동자가 되게 하는 것이죠. 이것은 자신의 영혼을 위한 일인 동시에 그 사회의 수준을 자연스럽게 높이는 일입니다. 이것이 칼 비테가 말하는 진리를 추구하는 교육입니다.

아이는 이런 의문을 가질 수도 있습니다.

"왜 그렇게까지 완벽해야 하나요?"

그러면 이런 대답을 해줄 수가 있겠죠.

"네 영혼은 이미 완벽해. 그러니 네가 하는 일도 완벽해야 하지 않겠니?"

칼 비테는 진리를 추구하는 삶을 가르치지 않는 부모는 무지하고 악하다고 말했습니다. 그러면서 안타깝게도 대부분의 부모들이 그런 교육을 하지 않는다고 했습니다. 그 결과 아이는 시정잡배가 되고 사회라는 기계의 부속품으로 전락합니다. 우리가 뼈아프게 새겨들어야 할 대목입니다.

타락한 지배 계급이 통치하는 사회는 진리 추구를 절대 권장하지 않습니다. 악한 사회는 국민에게 도덕 교육이나 인성 교육을 하지 않지요. 왜 그럴까요? 부패한 지배 계급에게 필요한 것은 마음대로 부릴 노예일 뿐, 주체적으로 삶의 진리를 찾는 자유인이 아니기 때문입니다. 그렇기에 우리는 더더욱 정신을 차리고 아이들에게 진리를 추구하는 교육을 해야 합니다.

사랑을 가르쳐라

칼 비테는 아이에게 사랑을 가르쳐야 한다고 말했습니다. 사랑이 무엇인지 알고 그 방법을 아는 사람만이 행복하다는 것이죠. 굳이 설명할 필요도 없는 이야기입니다. 너무나 당연한 이야기니까요.

사랑하는 법을 알아야 사랑받을 수도 있습니다. 사랑을 주고받는 일은 굉장한 만족감을 줍니다. 칼 비테는 사랑의 마음으로 충만한 사람이 가장 행복하다고 말했습니다. 그리고 아들 칼을 그런 마음으로 키웠다고 했습니다. 당연히 칼 비테 주니어는 행복하게 자라났습니다.

사랑은 위대합니다. 사랑의 위대함은 과학적으로도 증명됩니다. 누군가를 사랑하면 우리 몸에서는 좋은 호르몬이 쏟아져 나옵니다. 엔도르핀은 체내에서 만들어지는 마약으로 통증을 완화시키고 고통을 잊게 합니다. 실제로 엔도르핀은 모르핀의 200배의 효과를 가지고 있다고 합니다. 미국의 유명 의사는 이런 말을 했습니다.

"마음속으로 항상 기뻐하고 즐거운 일을 상상하며 다른 사람을 진실하게 사랑하는 사람은 결코 병에 걸리지 않는다."

사랑을 하게 되면 마음이 변할 뿐만 아니라 신체에도 변화가 나타납니다. 사랑하는 사람들에게 연인의 사진을 보여주고 MRI를 촬영했더니 뇌의 특정 부위에서 혈류량이 증가했다고 합니다.

사랑의 위대한 효과는 이루 말할 수가 없습니다. 사랑은 우리의 일상을 윤택하게 해줄 뿐만 아니라 아이를 바른 길로 이끄는 열쇠입니다.

칼 비테는 예수그리스도의 삶을 통해 사랑을 가르쳤습니다. 칼 비테의 아들은 조금 독특한 환경에서 자라났어요. 예전에는 교회 안에 사택이 있고 목사 가족은 거기에서 살았습니다. 그러다 보니 하루 종일 교인들이 칼 비테와 그의 아내를 찾아왔습니다. 그들은 자신들이 얼마나 고통스러운지, 얼마나 힘든지를 털어놓곤 했습니다. 그러면 칼 비테와 그의 아내는 그들을 정성스럽게 위로하고 달래주며 상담해주었습니다.

칼은 그런 모습을 고스란히 지켜보게 됩니다. 부모님이 어떻게 사람들을 대하는지, 어떻게 사랑을 실천하는지 매일매일 확인했던 것이죠. 아버지가 "예수그리스도처럼 살아라. 서로 사랑하라."고 말만 하는 것이 아니라 몸소 사랑하는 삶을 실천했던 것입니다. 그 과정에서 칼은 자연스럽게 진정한 사랑이 무엇인지, 성서에서 말하는 사랑이 무엇인지 깨달았습니다.

특히 칼 비테는 아내에 대한 사랑을 적극적으로 표현했습니다. 아내를 위해 집안일을 도와주는 것은 물론 이른 아침 산에 가서 꽃을 꺾어다 아내에게 선물했습니다. 그런 아버지의 모습을 보고 자란 칼은 훗날 아버지를 따라 어머니에게 꽃을 선물하곤 했어요. 아버지가 진심으로 어머니를 아끼는 모습을 보면서 아들 역시 진정한 사랑을 깨닫고 그것을 표현하는 방법을 배웠던 것입니다.

칼 비테는 결혼을 앞둔 아들에게 이런 편지를 썼습니다.

"부모가 먼저 사랑을 실천하지 못한다면 어떻게 그 자녀가 사랑을 베풀 수 있겠니? 나중에 아이를 낳거든 네 언행과 몸가짐부터 바르게 하거라. 그러면 네 아이도 자연히 너를 닮아갈 거란다."

그런데 칼 비테는 아버지가 어머니를 사랑하는 모습을 보여야 한다는 말만 했지 어머니 역시 아버지를 사랑하는 모습을 보여야 한다고는 말하지 않았습니다. 책에서도 주로 칼 비테가 아내를 어떻게 사랑했는지만을 말하고 있죠. 칼 비테는 아내에게는 아무런 부담도 주지 않았습니다. 엄마라는 존재는 그냥 아이를 사랑해주면 그걸로 충분하다는 것이었습니다. 아마 아기를 키우는 것이 육체적으로 대단히 힘든 일이라는 것을 알았기 때문에 그랬던 것이 아닌가 싶습니다.

저 역시 아이를 키우다 보니 칼 비테의 마음이 이해되었습니다. 일회용 기저귀와 분유가 있는데도 육아는 정말 보통일이 아니더군요. 예전에는 이런 편리한 도구들이 거의 없었을 테니 엄마들의 삶이 얼마나 고단했을지 짐작됩니다. 칼 비테는 육아의 어려움을 알고 엄마는 다른 일을 하지 않아도 괜찮다고 생각했던 것입니다.

거기에 육아로 지친 아내의 기운을 북돋아주는 것도 아빠의 역할이라고 했습니다. 칼 비테는 가족을 극진히 섬기면서 유쾌하고 즐거운 가정을 만들기 위해 노력했습니다. 《칼 비테 교육법》을 읽으며 저 역시 다시 한 번 다짐했습니다. 아무리 힘들고 지칠 때도 아내와 아이를 위해 밝고 유쾌한 표정을 지어야겠다고요.

칼 비테의 사랑은 가족을 넘어 세상으로까지 펼쳐졌습니다. 그는 하인을 친구 이상의 형제처럼 대하고, 세상 사람들의 의견과 감정을 존중하며, 작은 동물도 함부로 대하지 않았습니다. 가난한 이웃도 도왔습니다. 칼 비테 주니어가 아버지에게 항상 듣던 말이 있습니다.

"여보, 애야, 바로 준비해. 지금 당장 가야 해."

누군가 사고를 당하거나 곤경에 처하면 칼 비테는 누구보다도 먼저 달려갔습니다. 그런 모습들을 보고 자랐기에 칼 비테 주니어도 자연스럽게 사랑의 마음을 갖게 되었습니다.

겸손을 가르쳐라

칼 비테 주니어는 이미 10대에 유명한 스타였습니다. 10대 중반에 박사가 되고 대학 교수가 되었으니 그럴 법도 하죠. 그래서 많은 사람들이 칼 비테 주니어를 만나고 싶어 했습니다. 하지만 칼은 겸손했습니다. 이런 명예와 칭찬 앞에서 전혀 변함이 없었죠. 지적으로 높은 성취를 이루었을 뿐만 아니라 내적으로도 건강하고 단단하게 자란 것입니다.

칼 비테 주니어는 이렇게 말합니다.

"내가 과분한 명예와 칭찬 앞에서 흔들리지 않고 건강하게 자랄 수 있었던 것은 아버지로부터 겸손을 배웠기 때문이다."

칼 비테가 가르친 겸손은 바로 예수그리스도의 겸손이었습니다. 예수는 무엇을 위해 이 세상에 왔을까요? 바로 인간을 섬기기 위해서였습니다. 예수는 부자나 권력자가 아니라 가난하고 약한 사람들을 섬겼습니다. 거지를 섬기고, 고아를 섬기고, 병자를 섬겼죠. 모두에게 비난받는 자도 섬겼습니다. 그들이 양심을 되찾고 바른 사람으로 거듭나기를 기도하면서 말이죠.

예수그리스도가 인간의 잘못을 지적하고 벌하기 위해서가 아니라 인간을 사랑하고 섬기기 위해 이 세상에 왔다는 것이야말로 칼 비테가 아들에게 가르쳐주고자 했던 겸손의 핵심입니다. 예수도 이렇게 겸손한 삶을 살았는데, 우리가 겸손하지 않으면 안 된다는 것이었습니다. 하나님을 믿고 성서에 따라 산다는 것은 예수처럼 겸손한 삶을 산다는 의미입니다.

또 하나, 칼 비테가 교육한 겸손은 창조주 앞에서 만인이 평등하다는 것이었습니다.

"아무리 뛰어나고 훌륭한 사람이 너를 칭찬해도 우쭐해하지 마라. 그 사람도 창조주 앞에서는 한없이 작은 존재에 불과하단다. 그런 칭찬에 우쭐해하면 너는 형편없는 사람이 되는 거야. 우리는 언젠가는 흙으로 돌아가는 존재에 불과하고 그건 너도 마찬가지니까."

칼 비테는 진리는 영원하지만 인간은 영원하지 않다는 것도 이야기했습니다. 진리는 완전하지만 인간은 불완전합니다. 그렇기에 인간은 겸손해야 합니다.

칼 비테는 겸손을 가르치기 위해 밤마다 아들에게 하루를 돌아보며 기도하게 했습니다. 기도를 통해 하루 동안 자신이 얼마나 진리를 추구했는지, 얼마나 다른 사람을 사랑했는지, 얼마나 겸손하게 지냈는지를 돌아보게 했습니다. 그런 성찰의 시간을 통해 칼은 자신이 얼마나 미약한 존재인지, 얼마나 더 노력해야 하는지를 깨달았습니다.

하지만 칼 비테가 아무리 겸손을 가르치려고 노력해도 주위에서 도와주지 않는다면 아무 소용도 없었을 것입니다. 그래서 칼 비테는 주변 사람들을 경계했습니다. 혹시라도 유명한 사람들이 칼을 과분하게 칭찬하려고 하면 칼 비테는 즉시 아들을 밖으로 내보냈습니다. 그럼에도 그가 칼을 계속 칭찬하면 그를 다시는 집에 들이지 않았습니다. 아이도 인간이기 때문에 과한 칭찬에 오만해질 수 있다는 생각이었던 것입니다. 칼 비테는 가장 멍청한 사람은 다른 사람의 평가에 의해 기분이 좋아지거나 나빠지는 사람이라고 했습니다. 그러면서 칭찬을 듣고 우쭐해하는 사람이 모함을 듣고 괴로워하는 사람보다 어리석다는 점을 지적하면서 아들에게 다른 사람의 칭찬에 신경 쓰지 말라고 누누이 당부했습니다.

한번은 어느 학교의 교장이 칼을 테스트하고 싶어 했습니다. 이미 칼은 신문을 통해 유명해진 상태였습니다. 칼 비테는 그 교장에게 칭찬만 하지 않는다면 테스트를 해도 좋다고 했습니다. 하지만 칼이 문제를 너무 잘 풀자 교장은 자신도 모르게 칼을 칭찬해버립니다. 그러자 칼 비테는 눈짓으로 그에게 신호를 보냈죠. 그 교장은 칼의 실력에 놀라서 천재 수학자 오일러도 3일 만에 푼 문제를 내기로 합니다. 칼 비테는 칼이 문제를 풀지 못할까봐 걱정하는 것이 아니라 문제를 풀고 지나치게 의기양양해질까봐 걱정합니다. 칼 비테가 우려했던 대로 칼은 그 문제를 순식간에 풀어버립니다. 교장은 놀라 외치죠.

"당신 아들이 위대한 오일러를 능가함에 틀림없습니다!"

칼 비테는 교장의 손을 꼬집어서 칭찬을 그만두게 합니다. 이런 칼 비테의 세심한 노력 덕분에 칼은 어려운 문제를 풀고도 기고만장해지지 않았습니다.

아이들은 귀가 얇고 칭찬을 좋아합니다. 사탕을 오래 빨면 충치가 생기듯이 칭찬 역시 쌓이고 쌓이면 오만과 교만의 싹이 됩니다. 그래서 칼 비테는 아들이 높은 성취를 이루었을 때도 "잘했구나!"라고만 말하고 넘어갔습니다. 선행을 했을 때도 "하나님께서 기뻐하시겠구나." 정도의 말을 건넸을 뿐입니다. 이 점은 우리도 새겨둘 필요가 있습니다.

한때 아이들에게 칭찬만큼 좋은 약은 없다는 이야기가 유행했었죠. 뭐, 틀린 말은 아닙니다. 칭찬에는 여러 가지 장점이 있습니다. 하지만 칼 비테가 왜 그렇게 칭찬을 두려워하고 조심했는지도 놓쳐서는 안 됩니다.

감정을 가르쳐라

칼 비테는 아이에게 감정을 가르쳐야 한다고 말합니다. 인간적인 감정이 없거나 부족한 아이는 제아무리 공부를 잘하거나 두뇌가 뛰어나도 기계와 같은 인생을 살게 되므로 아이가 행복한 사람이 되기를 바란다면 무엇보다 풍부한 감정을 가진 아이로 길러야 한다는 것이었습니다.

감정은 슬픔, 우울, 분노, 희망, 용기 같은 것들입니다. 이런 감정은 따로 배우지 않아도 저절로 느낍니다. 배가 고프면 기분이 좋지 않고 부모님께 꾸중을 들으면 슬픕니다. 칼 비테가 감정을 가르쳐야 한다고 말했던 것은 자신의 감정을 통제하는 법을 가르쳐야 한다는 것이었습니다.

칼 비테가 가장 중요시했던 감정 중에 하나는 바로 평정심입니다. 유혹 앞에서, 욕심 앞에서 흔들리지 않는 마음이 바로 평정심이겠죠. 인간의 욕심은 끝이 없습니다. 돈을 많이 가지고 있어도 더 갖고 싶어 하죠. 때로는 범죄까지 저지르게 됩니다. 칼 비테는 책으로 평정심을 가르쳐주고 싶어 했습니다. 대표적으로 《이솝우화》의 예를 들었습니다.

나무꾼이 우물에 도끼를 빠뜨립니다. 우물에서 누군가 나타나죠. 금도끼를 내밀고 "이것이 네 도끼냐?"라고 묻습니다. 나무꾼은 아니라고 하죠. 그는 은도끼를 들고 다시 나타났습니다. "이것이 네 도끼냐?" 그러자 나무꾼이 대답합니다. "아닙니다. 제 도끼는 낡아빠진 쇠도끼입니다."

칼 비테는 이 이야기를 들려주고 아들에게 묻습니다.

"이 이야기는 무엇을 의미할까?"

"정직해야 한다는 거죠."

"그렇지 않아. 이것은 평정심에 대한 이야기란다."

나무꾼이 금도끼를 가지게 되면 어떤 일이 벌어질지 몰랐을까요? 나무꾼은 모두 알고 있습니다. 그는 부자가 되어 힘들게 나무를 하지 않아도 되었겠죠. 하지만 그렇게 되면 그의 삶은 균형이 깨지게 됩니다. 나무꾼은 금도끼와 은도끼의 가치를 몰라본 것이 아니라 평온한 일상의 소중함을 알았던 것이죠. 칼 비테는 이 이야기를 통해 어떠한 유혹 앞에서도 흔들리지 않는 평정심의 소중함을 알려주고자 했던 것입니다.

■ 감정을 먹고 자라는 아이들

사실 감정에는 굉장한 힘이 있습니다. 누군가 분노라는 감정에 사로잡혔다고 생각해봅시다. 그는 무슨 일을 저지를지 모릅니다. 살인을 저지를 수도 있습니다. 결국 그는 감정 때문에 평생 감옥에서 보내야 할지도 모릅니다. 기쁨이라는 감정에 지나치게 충실하면 조울증에 걸릴 수도 있습니다. 기쁠 때는 주체되지 않을 만큼 기쁘고 슬플 때는 도저히 위로가 되지 않을 만큼 깊은 나락으로 떨어집니다. 이런 감정을 제대로 통제하지 못한다면 감정에 휘둘려 스스로 망가지게 됩니다.

칼 비테는 좋은 감정이든 나쁜 감정이든 제대로 다스리는 방법을 가르쳤습니다. 감정에 대한 교육은 현대를 살아가는 우리에게도 상당히 중요합니다. 국어, 영어, 수학보다 중요하다고 해도 과언이 아닐 정도입니다.

그런데 칼 비테가 절대 아이에게 가르치지 말라고 했던 감정이 있습니다. 바로 공포와 두려움입니다. 인간은 기본적으로 나약한 존재이기에 공포를 너무 많이 심어주면 이겨낼 수가 없습니다. 이런 맥락에서 칼 비테는 자신의 동료 목사를 굉장히 비난했습니다. 그 목사는 죄책감에 사로잡혀 있는 교인에게 지옥에 대한 설교를 계속했습니다. 결국 그 교인은 공포를 이기지 못하고 정신병에 걸렸습니다.

누군가 두려움에 빠져 있을 때는 벌보다는 사랑의 이야기를 하고 나서 죄를 지으면 벌을 받는다는 이야기를 덧붙이는 식으로 적절하게 균형을 맞추어야 합니다. 그러지 않고 무조건 지옥에 대한 이야기만 늘어놓는 것은 곤란합니다.

그런데 우리는 아이들에게 이런 공포를 자주 심어주곤 합니다. 입버릇처럼 "공부를 못하면 나중에 커서 큰일 난다."라고 말하고 있지는 않은가요? 이런 이야기는 아이에게 불필요한 두려움과 공포만 심어줄 뿐입니다. 두려움에 사로잡힌 아이는 절대 앞으로 나아갈 수가 없습니다. 공포에 발목을 잡히면 바보가 되어버립니다. 독재자나 사이비 종교 교주들이 가장 많이 이용하는 감정이 바로 공포심입니다. 지속적으로 공포와 두려움을 줌으로써 옴짝달싹 못 하게 하는 것이죠. 공포심에 지배

당한 사람들은 절대 그 독재자나 교주를 떠나지 못합니다. 그가 시키는 대로 할 수밖에 없습니다. 마찬가지로 아이에게 공포와 두려움만 가득 채워준다면 그 아이는 노예로 자라날 뿐입니다.

그렇다면 이런 감정 교육은 누구에게서 비롯될까요? 1차적으로는 부모에게서 배웁니다. 엄마 아빠가 매 순간 감정을 어떻게 조절하는지, 극도의 분노에 어떻게 대처하는지가 아이에게 그대로 전해집니다. 화 날 때마다 술을 마시고 행패를 부리는 아버지 밑에서 자란 아이들은 화가 나면 술을 먹어야 한다고 생각합니다. 그러고는 술에 취하면 자신들이 혐오했던 아버지처럼 행패를 부리죠. 보고 배운 것이 바로 그것이기 때문입니다. 그렇기에 부모부터 감정을 조절할 줄 알아야 합니다. 또한 지속적으로 아이에게 공부나 독서보다 중요한 것은 가슴이 따뜻한 사람이 되는 것이라는 사실을 알려줘야 합니다.

■ 타인을 이해하고 아픔을 공유하는 아이

칼 비테는 감정 교육의 구체적인 방법도 알려줍니다. 먼저 어떻게 해야 다른 사람들과 화목하고 즐거운 관계를 맺을지를 늘 생각하게 하라고 했습니다. 어릴 때부터 이를 진지하게 생각하지 않은 아이들은 자기중심적인 인간으로 자라게 된다는 것이었습니다.

학교에 있을 당시 저는 아이들에게서 친구가, 엄마가 자신을 몰라줘서 괴롭다는 이야기를 많이 들었습니다. 그런 아이들은 고독하다는 생각을 하게 됩니다. 그러다 방황도 하고 사고도 칩니다. 그런 친구들에게 저는 이런 이야기를 해줬습니다. 누가 너를 먼저 알아주기를 바라기보다 네가 먼저 친구들을 알아봐주면 친구들도 너를 알아줄 거라고요. 《논어》에도 이런 말이 나오잖아요. "남이 나를 알아주지 않음을 걱정하지 말고 내가 남을 알지 못함을 탓하라."

또한 칼 비테는 칼에게 다른 사람들의 고통과 슬픔을 체험하게 했습니다. 인생의 어둠을 알아야 강하고 담대하게 자란다는 것이었죠. 또 넓은 인간관계도 맺을 수 있고요.

아이가 살다 보면 수많은 고통과 슬픔이 다가올 것입니다. 인생은 기본적으로 고통과 슬픔으로 가득하니까요. 그럴 때마다 적절하게 대처하는 법을 배워야 합니다. 쉽게 무너지지 않고 강하게 인생을 헤쳐나가는 법을 말이지요. 그래서 칼 비테는 이 세상의 악과 고통 앞에서 아이의 눈을 가리지 않았습니다. 아이에게 날것 그대로를 보여주었습니다. 누군가가 고통 속에서 울고 있다면 아들에게 같이 울어주라고 했습니다. 울고 있는 사람 옆에서 같이 마음 아파하며 울어줄 때, 그 사람에게 도움의 손길을 내밀 때 자신도 진정 행복한 사람이 된다는 것을 알려주고 싶었던 것이죠.

우리나라에도 아직 고통받는 아이들이 많습니다. 밥을 제대로 먹지 못하는 아이들도 있습니다. 그런 아이들을 외면할 것이 아니라 함께 그 고통을 느끼고 아파해야 합니다. 마음이 아프다는 것은 타인의 고통과 슬픔이 내 안에 고스란히 전달되었다는 의미입니다. 이렇게 감정의 교류가 이루어지는 과정에서 아이는 그만큼 감정이 풍부해집니다.

이제라도 우리는 타인의 고통을 무덤덤하게 받아들이지는 않았는지 반성해야 합니다. 굶어 죽어가는 아프리카 아이들이 텔레비전에 나올 때마다 무심하게 채널을 돌려버린다면 과연 아이들에게 무엇을 가르칠 수가 있을까요? 이기심과 비인간성을 가르치는 꼴밖에 되지 않습니다. 타인의 감정을 이해하지 못하는 이기적인 아이는 어디에서도 환영받지 못합니다. 따돌림당할 수도 있습니다.

반대로 부모가 고통받는 아이들을 후원하고 있다면 아이들에게 이야기해줄 것들이 넘쳐납니다. 왜 그 아이들이 굶어 죽을 지경이 되었는지, 우리가 무엇을 할 수 있는지를 함께 이야기하면서 아이는 타인을 이해하고 진정으로 아픔을 공유하는 따뜻한 리더로 성장하게 됩니다.

잠자기 전 아이에게 들려준 이야기

칼 비테는 아들이 잠들기 전에 다양한 이야기를 들려주었습니다. 이른바 스토리텔링 교육법입니다. 주로 성서의 이야기 가운데 '요셉과 그의 형제들', '다윗과 골리앗', '가난한 과부의 헌금' 등이었습니다. 아이가 성장한 뒤에는 주로 시와 성서 구절을 읽어주었습니다. 주제는 사랑, 우정, 친절, 관용, 용기, 겸손, 헌신이었습니다. 그는 칼이 독립하기 전까지 이야기를 읽어주었다고 합니다.

한편 목사인 칼 비테는 매일 잠들기 전에 기도하는 모습을 아들에게 보여주었습니다. 자신이 얼마나 사랑을 실천했고 얼마나 겸손했는지를 반성하는 기도를 했던 것입니다. 반성이 삶의 큰 부분이라는 것을 일상 속에서 알려주었던 것입니다.

■ 요셉과 그의 형제들

요셉의 아버지 야곱에게는 열두 명의 자녀가 있었습니다. 야곱은 두 번째 부인의 아들인 요셉을 유달리 예뻐했습니다. 야곱은 요셉에게만 색깔이 고운 옷을 사주는 등 다른 형제들과 차별했습니다. 어느 날 요셉이 형제들에게 꿈 이야기를 들려줍니다.

"밭 한가운데에서 곡식 단을 묶는데, 내 곡식 단이 일어나 우뚝 서자 형들의 곡식 단들이 빙 둘러서서 내 곡식 단에게 큰절을 했답니다."

요셉은 또 다른 꿈 이야기도 들려줍니다.

"또 꿈을 꾸었는데, 해와 달과 별 열한 개가 나에게 절을 했어요."

이런 이야기를 듣고 형제들은 요셉을 더 미워하게 되었습니다.

어느 날 형들 중에 한 명이 요셉을 우물에 가둬 죽여버리자고 합니다. 하지만 결국 죽이지는 않고 노예로 팔아버리죠. 이때부터 요셉은 온갖 고생을 하게 됩니다. 모진 고난을 이겨낸 요셉은 이집트의 권력자가 됩니다. 파라오 다음으로 높은 사람이 되었던 거예요.

요셉이 그렇게 높은 자리에 올랐을 때 큰 흉년이 들었습니다. 요셉의 형들은 이웃 나라인 이집트에 와서 식량을 구걸합니다. 요셉은 형들을 알아보지만 형들은 요셉을 알아보지 못합니다. 요셉은 복수를 하기보다는 그들을 받아들입니다.

칼 비테는 이 이야기를 통해 나에게 잘못한 사람이라도 용서하고 사랑하라는 메시지, 어떠한 절망에 빠지더라도 하나님을 믿고 따르면 결국 구원받는다는 메시지를 전달하고 싶었던 것 같습니다.

■ 다윗과 골리앗

이스라엘이 골리앗에 대한 두려움으로 떨고 있을 때 양치기 소년인 다윗이 나섭니다. 디윗은 어린 소년에 불과했지만 양을 지키기 위해 사자나 곰을 물리쳤던 경험이 있기 때문에 골리앗을 물리치겠다고 나서게 됩니다. 하지만 누가 보아도 쉽지 않은 일이었습니다. 다윗은 아직 어린아이였고 골리앗은 거인 용사였으니까요. 하지만 다윗은 갑옷, 투구, 칼도 없이 지팡이와 물매와 다섯 개의 돌만 들고 골리앗 앞에 나아갔습니다. 그리고 결국 다윗은 물맷돌로 골리앗을 무찔렀습니다.

인생을 살다 보면 때로 골리앗처럼 압도적인 장애물을 만날 때가 있습니다. 칼 비테는 이 이야기를 통해 무조건 뒤에 숨지 말고 용기를 가지고 담대하게 나아가라는 메시지를 들려주었던 것입니다.

■ 가난한 과부의 헌금

당시 유대 사회에는 헌금을 많이 하면 할수록 하나님에 대한 믿음이 강한 것으로 인정해주는 분위기가 있었습니다. 헌금을 많이 할수록 사회적 지위도 올라가고 권력도 강해지는 것이었죠. 예배 때마다 누가 헌금을 얼마나 내는지 모두가 알 수 있는 구조였던 모양입니다.

하루는 예수가 성전에 있는데 아주 가난한 과부가 자기 수중에 있는 돈을 헌금함에 넣었습니다. 두 렙돈을 넣었다고 하는데 정말 푼돈이었습니다. 그러자 예수는 가난한 과부가 다른 사람들보다 많은 헌금을 했다고 말합니다. 다른 사람들은 넉넉한 현금 가운데 일부를 헌금한 반면 그 가난한 여인은 가진 것을 모두 바쳤기 때문이죠. 그러면서 그 여자야말로 하나님을 진정으로 사랑하는 사람이라고 칭찬합니다.

칼 비테는 이 이야기를 통해 사람들의 평가에 연연하는 가식적인 사람이 아니라 자신의 양심에 충실한 사람이 되라는 메시지를 전하고자 했습니다.

육아는 입시가 아니다

굉장히 이성적인 사람들도 아이에게만은 냉정하지 못한 경우가 많습니다. 유난히 아이에 대해서는 조급하고 안달하면서 은근히 죄책감까지 품습니다. 모두들 아이를 완벽하게 키워야 한다는 강박관념에 시달리면서 혹시라도 그러지 못할까 두려워합니다. 육아를 마치 입시처럼 생각하는 듯도 합니다. 열심히 노력해서 가시적인 성과를 거두어야 한다는 부담을 갖는 것입니다. 하지만 다들 마음을 느긋하게 가져야 합니다.

우리가 아이에게 가르쳐주는 것은 손에 잡히는 지식뿐만이 아닙니다. 부모의 에너지, 태도, 문화도 가르치고 있는 것입니다. 생각해보세요. 아이들은 부모들의 식성도 닮고 말투도 닮습니다. 책을 많이 읽는 부모 밑에서 자라는 아이들은 책을 좋아하고, 여행을 좋아하는 부모 밑에서 크는 아이들은 여행을 좋아합니다. 부모가 매사 부정적으로 말하면 아이도 어느새 부모의 말을 그대로 따라 합니다. 부모가 조급증을 느끼고 죄책감을 품은 채 아이를 키운다면 그대로 조급증과 죄책감을 가르치는 꼴이 됩니다.

이즈음에서 칼 비테의 인성 교육을 다시 한 번 되새겨보아야 합니다. '과연 칼 비테처럼 교육한다고 아이가 제대로 자랄까?'라고 의심하는 분들도 계실 것입니다. 하지만 조금 느긋하게 긴 호흡으로 생각하시기 바랍니다.

저희 아버지의 예를 들어보겠습니다. 제 아버지는 제가 어릴 적에 인문고전 책을 사서 책장에 꽂아놓으셨습니다. '당장 읽혀야겠어.'라는 마음이 아니라 좋은 책이니 언젠가는 읽어보기를 바라는 마음이셨겠죠. 그 마음 덕분에 지금의 제가 있게 되었습니다. 만일 아버지가 '빨리 저 책들을 읽혀야 하는데.'라고 생각하고 제게 독서를 강요했다면 저는 오히려 거부감만 느꼈을 것이고 지금의 저는 없었을 것입니다.

입시 교육처럼 당장의 결과를 기대하지 마세요. 조급해하지 말고 그냥 가능성에 투자하는 것이죠. 수학 공부를 열심히 하게 하면 수학 시험에서 100점을 받을 것입니다. 하지만 아이의 가능성에 대한 투자는 그렇게 빨리 효과가 나지 않습니다. 하지만 틀림없이 아이는 진정으로 행복한 인재로 자랄 것입니다.

6강

중심을 잡아주면
아이는 스스로 걷는다

: 칼 비테의 현실 교육법

• • •

여기까지 책을 읽으셨다면 이런 생각을 하실지도 모르겠습니다. '칼 비테의 교육법은 너무 이상적이야.'라는 생각 말입니다. 책을 읽히고, 행복을 심어주고, 인성을 가르친다는 말이 굉장히 교과서적으로 느껴지는 것이죠. 하지만 칼 비테는 현실적인 면도 도외시하지 않았습니다. 오히려 현실적인 교육을 굉장히 강조했습니다. 칼 비테가 중요시했던 현실 교육은 분별력 교육, 스스로 교육, 경제 교육으로 나눌 수 있습니다.

칼 비테 교육의 핵심, 분별력이란?

칼 비테는 분별력을 유난히 강조했습니다. 아들에게 온갖 책을 읽히고 자연을 탐구하게 하고 여행을 다니게 했던 가장 큰 목적 중에 하나가 바로 분별력을 길러주는 것이었습니다. 분별력이 없다면 아무리 훌륭한 능력을 가졌어도 바보가 될 수밖에 없다고까지 말했습니다.

그렇다면 칼 비테가 강조한 분별력이란 무엇일까요?

칼 비테는 이렇게 말합니다.

"분별력이란 진실과 거짓, 선과 악을 구분하는 능력이며, 내가 살고 있는 사회의 구조와 사회 각계각층 사람들의 심리를 예리하게 꿰뚫어 보는 능력이며, 누구를 가까이하고 멀리할지 스스로 판단하는 능력이다."

한마디로 내게 다가오는 사람이 선한지 악한지, 혹은 내게 진심을 품었는지 나를 이용해먹으려는 것인지 알아보아야 한다는 것입니다. 예쁘고 상냥하다고 해서 좋은 사람이 아니고, 우락부락하고 거칠다고 해서 나쁜 사람이 아닙니다. 사람은 복잡한 동물이기 때문에 그 본질을 제대로 보는 능력이 필요합니다.

예전 왕들은 귀에 달콤한 말만 속삭이는 간신들을 곁에 두고 충신들을 처단하는 경우가 종종 있었습니다. 그들은 겉모습에 속아 본질을 제대로 보지 못한 것입니다. 결국 그 왕들은 비참한 최후를 맞습니다. 분별력을 갖지 못하면 인생은 파국으로 치닫게 됩니다.

그렇다면 요즘에는 어떨까요? 매스컴에는 온갖 거짓 정보들이 난무합니다. 때로는 악이 선으로 포장되기도 하고 선이 악으로 둔갑해버리기도 합니다. 정신을 차리지 않으면 무엇이 선이고 악인지 도무지 판단할 수가 없습니다. 이런 와중에도 정확하게 본질을 꿰뚫어보는 능력, 그것이 바로 분별력입니다.

분별력이 있어야 내가 살고 있는 사회에 대해서도 정확한 시선을 가질 수가 있습니다. 지배 계급이 어떤 횡포를 휘두르는지, 서민을 위한다는 그들의 말이 거짓인지 참인지, 법이 공평하게 집행되고 있는지를 판단할 수 있어야 합니다. 그래야 이 세상이 선하게 움직이도록 힘을 실어주고 악한 세력을 저지하는 등 자주적으로 사회를 바꿀 수 있게 됩니다.

칼 비테가 말하는 분별력의 핵심은 누구를 가까이할 것인가와 관련되어 있습니다. 저도 이런 분별력이 모자라서 손해를 본 경우가 있습니다. 분명 좋은 사람이라고 생각하고 그 말을 믿었는데 사실은 그렇지 않았던 것이죠. 이런 분별력은 동양 고전에서도 자주 다루어집니다. 사마천의 《사기》〈열전〉에 나오는 맹상군의 일화는 어떤 사람을 가까이할지에 대해 이야기해줍니다.

제나라의 재상인 맹상군은 덕이 있다는 소문이 널리 퍼져 있었습니다. 그의 집에는 3,000여 명의 식객이 머물렀습니다. 어느 날 풍환이라는 볼품없는 자가 찾아와 식객으로 머물겠다고 청합니다. 맹상군은 그에게 어떤 재주가 있는지 묻습니다. 하지만 그는 별다른 재주가 없다고 말합니다. 맹상군은 그를 식객으로 들이지만 귀하게 대접하지 않았습니다. 맹상군이 그를 함부로 대하니 하인들까지도 그를 천대하기에 이르렀습니다. 하지만 후에 맹상군은 이 보잘것없어 보이는 풍환의 덕을 톡톡히 봅니다.

영지에서 나오는 세금만으로 식객을 거느리기 힘들었던 맹상군은 돈놀이를 시작하게 됩니다. 그는 마침 별일 없이 빈둥거리는 풍환에게 이자를 걷어오는 일을 시켰습니다. 그런데 풍환은 이자를 걷어서는 돈을 빌려간 이들에게 술과 고기를 실컷 사 먹였습니다. 그뿐만이 아닙니다. 이자를 내지 못하는 가난한 자들을 위해서는 차용증을 아예 불살라버렸습니다. 맹상군은 몹시 화를 냈습니다. 식객들을 먹여 살리기 위해 돈놀이까지 했는데 그 이자를 다 써버린 것은 물론, 차용증까지 태워버렸으니까요. 맹상군은 풍환이 대체 무슨 생각을 하는지 알 수가 없었습니다. 하지만 풍환은 태연하게 말합니다.

"술과 고기가 있어야 사람들을 불러 모을 수가 있습니다. 그래야 돈이 있는 자와 없는 자를 가려낼 수도 있습니다. 돈이 있는 자는 날짜를 정해주고 이자를 내게 했습니다. 반면 가난한 자는 10년이 걸려도 이자를 내기 어려우니 계속 달라고 하면 오히려 도망갈 우려가 있습니다. 그래서 아예 문서를 불살라버린 것입니다. 어차피 받지 못할 돈을 포기하는 대신 공의 명성이 드높아질 것입니다."

과연 백성들 사이에서 맹상군의 명성이 높아졌습니다. 제나라 왕은 그를 시기하여 벼슬에서 물러나게 했습니다. 그러자 그 많던 식객들이 하루아침에 모두 맹상군을 떠났습니다. 하지만 풍환만은 곁에 남았습니다. 그는 기지를 발휘해서 맹상군을 다시 재상 자리에 오르게 합니다. 맹상군이 다시 재상이 되자 식객들도 다시 몰려들었습니다. 이에 마음이 상한 맹상군은 화를 내면서 그들의 얼굴에 침을 뱉겠다고 말합니다. 하지만 풍환이 다시 말합니다.

"돈이 많고 벼슬이 높은 자에게 사람들이 몰려드는 것은 자연스러운 일입니다. 공이 벼슬을 잃었을 때 떠났다가 벼슬을 찾았을 때 다시 돌아오는 식객들을 막을 필요는 없습니다. 그들을 받아들인다면 공은 더욱 큰 사람이 될 수 있습니다."

이 이야기는 어떤 사람을 가까이하느냐에 따라 인생이 바뀔 수도 있음을 보여줍니다. 그렇기에 우리는 가까이해도 좋을 사람과 그렇지 않은 사람을 분별해내는 힘을 길러야 합니다.

《논어》에 화이부동和而不同이란 말이 나옵니다. 타인과 사이좋게 지내되, 자신의 원칙과 중심을 잃지 말라는 뜻입니다. 세상에는 선인과 악인이 섞여 있어서 악인을 완벽하게 피할 수는 없습니다. 다만 그가 옳지 않다는 것을 분명히 알고 똑같은 사람이 되지 않기 위해 노력할 수 있을 뿐입니다. 분별력은 아이가 선의의 바보가 되지 않게 해주고, 사회의 거짓말에 속지 않게 해주며, 말 잘하는 사람에게 이용당하지 않게 해줍니다.

우리 주변 곳곳에는 엄청난 사기꾼들이 숨어 있습니다. 작은 사기꾼도 피해야 하지만 세상을 혼란에 빠뜨리는 엄청난 거짓말도 잘 알아채야 합니다.

"거짓말을 하려면 굉장한 거짓말을 하라. 큰 거짓말일수록 잘 속일 수 있고 또 쉽게 넘어간다."

히틀러의 말입니다. 히틀러는 독일 민족을 살리겠다면서 애국심에 호소하는 거짓말을 잔뜩 늘어놓았습니다. 이런 거짓말에 넘어가면 결국 엄청난 비극을 맞이할 수밖에 없습니다.

그러니 우리는 정치가와 지식인의 거짓말도 알아내는 분별력을 갖춰야 합니다. 하지만 어떤 거짓말은 여러 겹으로 화려하게 포장되어 있어서 간파하기가 어렵습니다. 특히 선의로 포장된 거짓말들은 알아차리기가 쉽지 않죠. 그런 것들에 속지 않기 위해서 아이들은 분별력을 가져야 합니다.

분별력이 없으면 아무리 착한 사람이라도, 아무리 뛰어난 사람이라도 무능해지게 마련입니다. 그런 까닭에 칼 비테는 아들의 분별력을 키워주기 위해 노력했던 것입니다.

분별력은 어떻게 키워지는가

칼 비테는 분별력을 키워주기 위해 대단히 많은 노력을 기울였습니다. 그렇다고 뭔가 특별한 교육을 했던 것은 아닙니다. 다만 책을 읽혀도 '사람을 대할 때는 어떻게 해야 하는가?'를 생각하게 했습니다. 자연을 탐구할 때도 마찬가지입니다. 약자는 강자에게 잡아먹힐 수밖에 없는 운명을 타고났지만 대신 스스로를 보호하기 위해 여러 가지 노력을 기울입니다. 칼 비테는 그런 동물들에 대해 이야기를 나누면서 어떻게 살아남아야 하는지를 가르쳤습니다.

아프리카에 사는 스프링벅에게는 이상한 습성이 있습니다. 갑자기 무리가 한꺼번에 질주하다가 벼랑 끝으로 떨어져 죽어버리는 것이죠. 대체 왜 그런 행동을 하는 걸까요? 스프링벅은 수백, 수천 마리가 무리 지어 살아갑니다. 앞으로 나아가며 풀을 뜯다 보니 뒤쪽의 스프링벅들은 늘 먹을 것이 부족합니다. 그래서 어떻게든 앞으로 달려나가기 위해 경쟁을 하게 됩니다. 뒤쪽에서 밀고 들어오면 앞에 있는 스프링벅들은 조급해집니다. 추월당하지 않기 위해 빨리 걷다가 급기야 달리게 됩니다. 뒤에 있는 스프링벅은 앞에 있는 무리가 달리기 시작하니 덩달아 불안한 생각에 풀 뜯는 것조차 잊고 달리기 시작합니다. 그렇게 다들 영문도 모르고 뛰다가 벼랑에서 떨어져 죽는 것입니다. 스프링벅의 이야기는 군중심리에 휘말린다는 것이 얼마나 어리석고 무서운 일인지를 보여줍니다. 자연을 자세히 들여다보면 거기에는 온갖 진리가 숨어 있습니다. 그렇기에 칼 비테는 아들이 자연을 통해서도 세상을 살아가는 방법을 배우기를 바랐습니다.

여행도 마찬가지였습니다. 칼 비테가 그저 기분전환을 위해 짐을 싸는 일은 없었습니다. 우리가 살고 있는 지역이 어떤 모습인지 알고 싶다면 밖으로 나가야 합니다. 매일매일 반복되는 일상 속에서는 모든 것이 익숙한 탓에 아무것도 보이지 않기 때문입니다. 하지만 다른 지역에 가면 우리는 관찰자의 시각을 갖게 됩니다. 어느 것 하나 사소하게 지나치지 않고 유심히 관찰하게 되죠. 그 지역사회에는 어떤 사람들이 어떤 계급 구조하에서 어떻게 살아가는지를 파악할 수 있습니다. 그런 시선을 가지고 다시 우리 지역으로 돌아오면 이전에 보이지 않던 것들이 보입니다. 우리 집이 어떤 위치에 속해 있고 어떡해야 앞으로 잘살지를 생각해볼 수 있게 됩니다.

이렇게 칼 비테는 다양한 방법으로 아들의 분별력을 키워주기 위해 노력했습니다.

■ 사회의 진실을 정확히 가르쳐라

칼 비테는 부모가 맹목적인 낙관주의자가 되어서는 안 된다고 말합니다. 세상은 결국 아름다운 방향으로 움직일 것이라고, 절대 변하지 않는 정의가 존재한다고 믿지 말라는 것이었습니다. 원래 인간은 탐욕스러운 존재입니다. 게다가 권력을 가진 사람일수록 악할 가능성이 높습니다. 왜일까요? 그들에게는 유혹이 많기 때문입니다.

그래서일까요? 세계 곳곳에서 전쟁과 테러가 끊이지 않고 수많은 아이들이 굶어 죽어갑니다. 평화로운 사회에서도 온갖 황당한 사건 사고가 끊이지 않지요. 세상이 아름다운 곳이고 절대적인 정의가 존재한다면 과연 그런 일들이 일어날까요?

칼 비테는 부모가 먼저 이런 사실을 인정하고 세상의 악을 똑바로 마주해야 한다고 말합니다. 부모가 먼저 근거 없는 희망을 버리고 사회의 악과 인간 내면의 악을 제대로 바라봐야 한다는 것이지요. 부모가 현실을 제대로 파악하지 못하거나 회피해버린다면 아이들에게 진실을 이야기해줄 수가 없습니다.

부모가 사회의 모습을 제대로 파악했다면 아이에게도 정확히 가르쳐야 합니다. 동심을 해치지 않으려는 생각에 세상이 동화 같은 곳이라고 믿게 해서는 안 됩니다. 그것은 속임수에 불과합니다. 헛된 환상을 갖게 하는 것이죠.

사실 우리가 아름다운 이야기로 알고 있는 동화도 원래는 굉장히 잔혹합니다. 왜 그럴까요? 실제 벌어졌던 괴기스러운 일들을 각색한 것이기 때문입니다. 마법에 걸린 공주가 왕자의 키스에 깨어나 행복한 결말을 맞는 〈잠자는 숲속의 공주〉는 원래 그런 내용이 아니었습니다. 공주가 잠든 곳을 지나던 왕이 공주의 미모에 반해 그대로 겁탈합니다. 공주는 잠들어 있는 상태에서 아이를 갖고 쌍둥이를 낳게 됩니다. 아이들은 엄마의 젖을 먹고 요정들의 보살핌을 받으며 무럭무럭 자랍니다. 어느 날 아이가 엄마의 손가락을 쭉쭉 빠는 바람에 손에 박혀 있던 가시가 빠져나오면서 공주는 잠에서 깨어납니다. 공주가 잠들어 있던 곳을 다시 찾은 왕은 공주가 깨어난 것을 보고 기뻐합니다. 그런데 왕에게는 이미 왕비가 있었습니다. 결국 공주를 질투한 왕비는 아이들을 삶아서 요리를 하게 했다는 등의 이야기가 이어집니다.

정말 황당하죠? 아마 당시 사회는 성적으로 타락했을 것입니다. 그래서 부모들은 아이들을 경계시키고 조심시키기 위해 이런 이야기를 들려주었던 것이겠죠. 꿈과 희망만으로 살 수 있다면 얼마나 좋을까요. 하지만 현실이 그렇지 않으니 아이들도 진실을 알아야 하는 것입니다. 이건 제가 초등학교 교사 시절에도 아이들에게 자주 해주던 이야기입니다.

여자아이들은 유난히 공주가 되고 싶어 합니다. 잘은 모르지만 공주가 되면 화려하고 꿈같은 생활이 기다릴 것이라는 환상이 있겠죠. 그래서 저는 조선의 공주들이 얼마나 불행하게 살았는지를 아이들에게 이야기해주곤 했습니다. 왕들도 행복하기는커녕 독살당하거나 요절하는 경우가 많았다는 것을요.

■ 눈으로 본 것을 머리로 판단하는 법

그렇다면 왜 아이들이 악을 마주 보게 하라는 것일까요? 악을 알려줌으로써 희망을 버리게 하려는 것일까요? 악을 정확히 봐야 선을 명확하게 알 수 있기 때문입니다.

칼 비테는 선이 무엇인지 모르면 옳은 행위를 하지 못하게 되고 결국 좋은 품성을 가질 수 없다고 생각했습니다. 또한 선의가 모든 인성 교육의 바탕이기 때문에 무엇이 선인지 아는 것이 대단히 중요하다고 생각했습니다. 악이 무엇인지 알아야 그것을 제압할 수 있다는 것이죠.

그렇다면 어떻게 선과 악을 구분할까요? 칼 비테는 눈으로 본 것을 머리로 판단하는 법을 가르치라고 합니다.

누군가 내게 미소 지으며 다가옵니다. 그러면 아이들은 그가 좋은 사람일 거라고 생각합니다. 제가 초등학교에 근무할 때도 그런 일들이 있었습니다. 이상한 물건을 파는 잡상인들이 학교 앞에서 아이들을 꾀어냅니다. 친절하게 인사도 건네고 우스갯소리도 하고 사탕도 주면 아이들은 금세 넘어갑니다. 선생님이 하나라도 더 가르치기 위해 목이 터져라 열심히 수업할 때는 재미없다는 표정으로 앉아 있던 아이들이 그런 잡상인들의 달콤한 말에는 눈이 초롱초롱해집니다. 아이들은 눈에 보이는 것만을 믿으니까요.

칼 비테는 세상의 참된 모습을 이해시키는 것이 부모의 책임이라고 말합니다. 친절한 얼굴로 다가오는 사람이 무조건 좋은 사람이 아니고 반대로 무뚝뚝하고 난폭해 보이는 사람이 무조건 나쁜 사람이 아니라는 것을 가르쳐야 한다는 것이죠. 톨스토이가 이런 말을 했습니다.

"말은 믿지 말고 행동을 믿어라."

칼 비테가 아이들에게 가르쳐야 한다고 말했던 것이 바로 이 말에 함축되어 있습니다.

■ 부모 옆에서 배우게 하라

부모와 아이의 관계는 장차 사회와 개인의 관계로 발전합니다. 가정에서 분별력을 가르쳐야 훗날 사회에서도 분별력 있게 행동할 수 있습니다.

칼 비테는 약속한 것이 아니면 칼 비테 주니어가 아무리 울고불고 떼를 써도 절대 장난감이나 과자를 사주지 않았습니다. 그러고는 아이가 울음을 그치면 그 이유를 정확하게 알려주었습니다. "네가 계속 이렇게 행동하다가는 사회에 나갔을 때도 과자나 장난감을 주는 사람에게 이성을 잃고 빠져들지도 몰라."라고 말이죠.

칼 비테는 되도록 아이를 모든 곳에 데리고 다니면서 그곳에 있는 사람들에 대해 가르쳐주라고 했습니다. 그곳에서 부모가 하는 일을 미리 배우게 하라는 의미가 아니었습니다. 같은 맥락에서 싱가포르의 거부 리카싱의 인터뷰를 보면 놀라운 점이 눈에 띕니다. 그는 자녀들이 초등학생일 때부터 자신의 회사인 청쿵실업의 이사회를 참관하게 했다고 합니다. 회의를 지켜보며 경영 기법을 배우라는 뜻이 아니었습니다. 비즈니스가 얼마나 많은 노력과 회의를 거쳐 이루어지는지를 보게 했던 것입니다. 다시 말해 비즈니스 기법을 교육하려는 것이 아니라 사람들과 관계를 맺는 법을 기르치고 싶었던 것입니다.

요즘에는 아이들에게 미래를 준비시킨다는 명목으로 직업 체험을 많이 시킵니다. 부모의 일터에 가서 부모가 무슨 일을 하는지, 어떻게 그

일을 하게 되었는지, 연봉은 얼마나 받는지 등을 조사합니다. 그러나 이것은 직업의 본질을 전혀 건드리지 못합니다. 슈퍼에서 일하는 분들을 보면서 "저분은 물건을 나르고, 저분은 바코드를 찍어 계산을 하고, 저분은 남아 있는 재고를 파악하시는 거란다."라고 알려주는 것이 대체 무슨 의미가 있을까요? 우리가 아이들에게 알려주어야 하는 것은 그 이면에 있는 것들입니다. 돈이 많은 사람들은 돈이면 불가능한 일이 없다고 생각하겠지만 저기 계산대에서 일하는 분의 마음은 절대 돈으로 사지 못한다는 것을 알려주고 어떤 태도로 사람을 대해야 하는지 등을 가르쳐야 하는 것입니다.

칼 비테와 리카싱은 무슨 일을 하든 사람을 대하는 것이 가장 어렵다는 것을 아이들에게 가르치고 싶었던 것입니다. 부모가 재벌이기에 뭔가 더 위대한 것을 가르쳐줄 수 있는 것도 아니고 마트의 계산원이기에 아무것도 가르칠 것이 없는 것도 아닙니다. 부모의 직업과는 상관없이 인생에서 가장 고귀한 진리를 가르쳐줄 수가 있는 것입니다.

■ 사람에 대해 늘 깨어 있게 하라

칼 비테의 이웃에 리드인치라는 인문학적 소양이 풍부한 아저씨가 살고 있었습니다. 그는 지식을 자랑하고 싶어서 칼 비테의 집에 자주 놀러 오곤 했습니다. 어느 날 그가 이웃집 아이들까지 모아놓고 신나게 떠들어댔습니다. 예술에 대한 이야기였습니다.

"우리 독일에 위대한 음악가가 얼마나 많은지 아니? 바흐, 모차르트,

파가니니 같은 사람들이 모두 독일인이야."

이야기를 듣던 칼이 고개를 갸우뚱했습니다. 파가니니는 이탈리아 사람이었거든요. 칼이 큰 소리로 말합니다.

"파가니니는 독일 사람이 아닌데요?"

그러자 신나게 이야기하던 리드인치는 겸연쩍어 말을 중단해버립니다. 분위기가 갑자기 싸늘해졌습니다. 나중에 칼 비테는 아들에게 지혜롭지 않은 일을 했다고 지적합니다.

"네 말이 틀린 것은 아냐. 하지만 아이들이 없을 때 조용히 이야기하는 편이 좋지 않았을까. 그러면 아저씨 체면이 살았겠지. 아이들도 아저씨를 계속 존경하고 좋아했을 테고. 사람의 마음은 복잡해서 사소한 것에도 마음이 크게 상할 수가 있단다."

칼은 리드인치에게 칭찬을 받고 싶었을 뿐인데 결과적으로는 리드인치의 미움을 사게 되었습니다. 인간관계에서도 분별력이 얼마나 중요한 덕목인지 알려주는 일화입니다.

또 다른 이야기도 있습니다. 젊은 시절 목사 공부를 하던 칼 비테는 어느 백작의 후원을 받은 일이 있습니다. 이런 경우 백작을 찾아가서 제대로 고마움을 표시하면 좋았겠죠. 하지만 칼 비테는 그러지 않았습니다. 도와준 것은 고맙지만 굳이 찾아가서 인사할 필요는 없다고 생각했던 것이죠. 칼 비테로부터 별다른 인사가 없자 기분이 나빠진 백작은 후원을 중단합니다.

갑작스럽게 후원이 끊기자 칼 비테는 고생을 많이 하게 됩니다. 칼 비테는 이런 이야기를 아들에게 들려주면서 "너를 도와주는 사람들에게 선물을 하고 고마움을 표현해야 한다."고 타이릅니다. 하지만 칼은 아버지의 말에 쉽게 동의하지 않았습니다. 도움을 주고 칭찬을 받으려는 것은 옳지 않은 일이라고 생각한 거죠. 그러자 칼 비테는 다음과 같이 이야기합니다.

"도와준 사람은 겉으로는 교육의 발전을 위해 도왔을 뿐이니 선물이나 감사 인사는 필요하지 않다고 말하지. 하지만 속으로는 도움을 받은 사람이 찾아와서 감사의 마음을 전하기를 바라. 사람의 마음은 대단히 복잡하기 때문에 그런 숨겨진 의도도 파악하고 관리해야 한단다."

또 어떤 관계든 오래되면 긴장이 풀어지게 됩니다. 우리는 평소 나에게 잘해주는 사람은 언제까지나 그럴 것이라고 믿습니다. 하지만 사람은 언제든 변할 수 있습니다. 이걸 가르치기 위해 칼 비테는 자신을 오랫동안 기다리던 아들이 자신을 반가워하며 품에 뛰어들자 안아주는 대신 밀어서 넘어뜨립니다. 그러고는 말하죠.

"쉽게 사람을 믿지 마라. 설령 부모라도. 물론 아빠는 믿을 만한 사람이지만 나중에 어른이 되어서도 네게 잘해줬던 사람이 언제나 네게 잘해줄 거라고 생각하진 마라. 그러지 않으면 방금 전처럼 큰 코 다칠 수 있어."

교훈을 주기 위해 자신에게 뛰어오는 아들을 밀어 넘어뜨리다니, 조금 황당하죠? 칼 비테의 모든 교육법이 정답이라고 말할 수는 없습니다. 그냥 '아, 칼 비테는 그렇게도 했구나.' 정도로 생각하면 될 것입니다.《칼 비테 교육법》을 실천해보겠다는 마음에 신나게 다가오는 아이를 넘어뜨렸다가는 두고두고 원망을 들을지도 모르는 일이니까요. 아마 칼 비테도 아들을 밀친 후에 아주 오랫동안 달래주었을 것입니다.

칼 비테는 돈 문제에도 명확했습니다. 그는 아이들에게 도와야 하는 사람과 돕지 않아도 되는 사람을 가르쳐야 한다고 말합니다. 칼 비테는 인간과 인간의 관계에 거래가 있어서는 안 된다면서 결론이 돈으로 끝나는 사람은 악한 사람이라고 단정 짓습니다.

■ 권리, 당당하게 주장해도 괜찮아

칼 비테의 이웃에 칼리레인스라는 사람이 살고 있었습니다. 아주 말을 잘하는 사람이었죠. 어느 날 그가 동네 아이들을 모아놓고 벼를 베고 짚단을 쌓는 등의 잡일을 도와달라고 말합니다. 아이들은 분별력이 없기 때문에 착한 일을 하겠다는 생각으로 아저씨를 도와주게 됩니다. 아이들은 며칠 동안 돈도 받지 않고 그의 일을 도와줍니다. 칼 비테가 그 사실을 알고 아들에게 이야기합니다.

"너는 지금 속고 있는 거야. 그 아저씨는 우리보다 돈이 많으면서도 너희들에게 일을 시키고 돈을 주지 않은 것은 부당한 거야."

이후 칼은 같이 일을 도와주었던 친구들을 불러 모읍니다. 그러고는 그 집에 가서 일을 하지 말고 정당한 대가를 요구하기로 합니다. 칼이 칼리레인스에게 말합니다.

"지난 며칠 동안의 일당을 주시면 도와드리죠."

그날도 아이들이 대가 없이 도와줄 거라고 믿었던 칼리레인스는 갑자기 태도가 변한 아이들을 보고 당황합니다. 결국 칼과 친구들은 지난 일당까지 모두 받을 수 있었습니다. 칼은 아버지의 가르침 덕분에 자신의 권리를 주장할 수 있었던 것이죠.

■ 관계를 정리하는 데 서툰 아이들

칼 비테는 아들에게 울프 목사의 아들 윌리엄의 이야기를 들려주었습니다. 윌리엄은 여러 가지 면에서 칼보다 재능이 뛰어났던 아이였습니다. 울프 목사도 굉장히 뛰어난 목사였죠. 그런데 울프 목사는 자신의 아들에게 분별력이 없다는 것은 몰랐던 모양입니다. 그는 아들에게 나쁜 친구들을 멀리할 것이 아니라 자주 만나 격려하고 도우라고 했습니다. 결국 어떻게 되었을까요? 오히려 윌리엄이 나쁜 친구들처럼 변해 버렸습니다.

저도 교사 생활을 하면서 이런 일을 자주 봤습니다. 아이들은 친구가 나쁘다고 생각해도 관계를 단번에 끊어내지 못합니다. 미안한 마음이 들기 때문이죠. 그런데 그런 인간관계가 지속되면 욕하면서 닮는다는 말처럼 그 나쁜 친구의 단점을 한두 개쯤 배우게 됩니다.

그러면 아이가 나쁜 친구와 어울린다면 부모는 어떡해야 할까요? 칼 비테는 아들의 친구들이 자기 기준에 맞지 않으면 단숨에 관계를 끊어 버리게 했습니다. 조금 극단적이기는 하죠. 그래서 저는 이런 방법을 권하고 싶습니다. 처음에는 부모가 그 친구와 어울리지 말라고 아이에게 조언하는 것입니다. 그럼에도 아이가 그 친구와의 관계를 끊어내지 못한다면 부모가 개입해서 관계를 끊어야겠죠. 아이들은 관계 정리에 굉장히 서툴거든요.

카네기를 성공으로 이끈 것은 무엇인가

요즘 부모들은 학교 성적을 올리는 것을 교육의 최우선 목표로 생각합니다. 하지만 부모가 가르쳐야 하는 것은 분별력입니다. 분별력이 없는 아이는 아무리 뛰어난 성적을 거둔다고 해도 바보가 되기 때문입니다. 학교 공부를 아무리 잘해도 세상을 살아가는 법과 사람을 대하는 법을 배우지 못하면 소용이 없습니다.

학교가 문제인 이유는 아이들에게 분별력을 가르쳐주지 않기 때문입니다. 학교에서는 아이들에게 성실히 공부하고 규칙을 따르면 된다고 가르칩니다. 물론 이것을 나쁘다고만 할 수는 없습니다. 하지만 그렇게 자란 아이는 결국 기득권 세력의 수족으로 전락할 뿐입니다. 아이가 정말 배워야 할 것은 세상을 살아가는 법 그리고 사람을 대하는 지혜입니다.

강철왕 카네기는 정규교육을 받지 못한 채 이런저런 일에 종사했습니다. 가정 형편이 좋지 않아 교육을 제대로 받지 못했지만 생각이 올곧았던 부모와 배달부 시절 도서관에서 읽었던 엄청난 분량의 책들 덕분에 교양과 학식을 쌓았습니다. 그로 인해 카네기는 올바른 성품과 지혜를 지닐 수 있었죠. 그는 엄청난 재산을 거의 기부해서 미국 전역에 도서관을 짓고 사회 복지에 이바지했습니다. 나중에 기자들이 질문했습니다.

"대체 어떻게 그렇게 돈을 많이 벌었습니까?"

카네기가 대답했습니다.

"돈은 내가 아니라 똑똑한 우리 임직원들이 벌었습니다. 나는 그저 그들을 임직원으로 고용했을 뿐입니다."

카네기는 묘비명도 유명합니다.

"자기보다 훌륭하고 덕이 높고 잘난 사람, 그러한 사람들을 곁에 모아둘 줄 아는 사람, 여기 잠들다."

카네기는 사람을 보는 분별력 덕분에 성공했던 것입니다. 그는 자신을 겸손히 낮추고 우수한 사람을 부하로 잘 다루었습니다. 지적인 사람보다는 사람을 잘 다루는 사람이 훌륭한 리더가 되는 법입니다. 이와 관련해서 동양에도 훌륭한 두 권의 책이 전해집니다. 바로 《논어》와 《한비자》입니다. 《논어》는 중국 황제들에게 공식적으로 전해지는 책이었고 《한비자》는 비공식적으로 전해지는 책이었습니다. 두 책의 차이는 뭘까요? 《논어》는 덕치德治를, 《한비자》는 법치法治를 이야기합니다. 《논어》는 도덕적인 방법으로 부드럽게 통치하는 법에 대해 말하는 반면 《한비자》는 현실적이고 냉정하고 강력하게 통치하는 법에 대해 말합니다. 왕가에 이 두 권의 책이 전해진 이유는 사람을 다스리는 지혜가 무엇보다도 중요했기 때문입니다.

칼 비테는 분별력을 통해 사람을 대하는 지혜를 익혀야 한다고 말합니다. 이 시대를 살아가는 아이들에게, 리더를 꿈꾸는 아이늘에게 정말 필요한 덕목이 아닐 수 없습니다. 그런 의미에서 칼 비테의 분별력 교육에 정말 큰 점수를 주고 싶습니다.

스스로 교육, 아이는 스스로 해낼 수 있다

칼 비테 주니어는 세 살부터 식탁에 접시를 놓는 등의 간단한 집안일을 도왔습니다. 가끔 집을 찾은 손님들은 칼이 그릇을 나를 때마다 불안해 했습니다.

"조심해, 그러다 깨뜨리겠어!"

물론 칼에게 그릇을 나르지 못하게 하면 접시는 깨지지 않습니다. 하지만 그 대신 칼은 자신감을 키울 기회를 놓쳤을 것입니다.

칼 비테는 아이가 아무리 공부를 잘해도 자기 일을 스스로 하지 못하면 아무 소용이 없다고 생각했습니다. 자기 일을 스스로 해내는 법을 교육받은 아이만이 이기적이고 난폭한 아이가 아니라 부모를 존경하고 사랑하는 아이로 자란다는 것이죠.

■ 아이의 일을 대신해주지 마라

칼 비테는 단 한 번도 아이가 스스로 할 수 있는 일을 대신해주지 않았습니다. 그것은 아이를 돕는 것이 아니라 오히려 아이의 생활력을 제한하고 성장 과정을 망가뜨리는 일이라고 생각했기 때문입니다.

그래서 칼 비테는 아들이 어릴 때부터 직접 방을 치우게 했습니다. 물론 아직 어린아이였기 때문에 그렇게 깔끔하게 정리하지는 못했습니다. 하지만 칼 비테는 잘했다고 마구 칭찬했죠. 얼마나 깔끔하게 정리를 했느냐보다 스스로 방을 치웠다는 것에 의미가 있었기 때문입니다. 칼 비테는 아이가 스스로 손발을 움직이고 세상을 탐색해야 쓸모 있는 인재가 된다고 믿었습니다.

부모가 아이 일을 대신해주는 것은 자신이 아이보다 강하고 유능하고 경험이 많다는 것을 과시하는 것과 다름없다고 했습니다. 부모에게 지나치게 의지하는 아이들은 겁이 많고 용기도 없습니다.

칼 비테의 아내는 칼이 일정한 나이가 되자 스스로 옷을 입게 했습니다. 제대로 입지 못해도 도와주거나 다그치는 대신 할 수 있다고 격려만 했습니다. 하지만 칼은 제대로 되지 않자 결국 울음을 터뜨렸습니다. 그럼에도 칼 비테의 아내는 옷을 입혀주지 않고 계속 기다렸습니다. 아무리 울어도 스스로 해야 할 일은 다른 사람이 도와주지 않는다는 것을 알려주기 위해서였습니다.

아이들은 실패를 하면 좌절감을 느낍니다. 자칫 자신감도 저하할 수 있습니다. 그걸 막기 위해서는 아이가 용기를 가지고 계속 도전하게 해야 합니다. 실패에서 멈추면 실패한 사람으로 남지만 다시 시도하여 성공하면 결국엔 성공한 사람으로 남게 됩니다. 이렇게 잘못을 고치는 과정에서 아이는 자신감과 독립 정신도 키우게 됩니다. 그래서 칼 비테는 어떤 일에든 아이가 실패하더라도 용기를 잃지 않고 좌절감에 빠지지 않게 했습니다. 용기를 잃지 않는 법과 좌절하지 않는 법을 가르쳐야 진짜 자주적이고 당당한 아이로 자란다는 것을 알았기 때문입니다.

■ 자기 감정은 스스로 관리할 것

칼 비테는 아이가 슬픔, 고통 등의 감정을 스스로 이겨내게 했습니다. 이런 감정들은 우리가 아무리 노력해도 필연적으로 다가옵니다. 이럴 때는 엄마 아빠가 옆에 붙어 위로해서는 안 됩니다. 아이가 스스로 이겨내는 법을 터득한 다음에 위로해도 늦지 않다는 것입니다.

맹목적인 위로는 아이의 감정 통제에 도움이 되지 않습니다. 슬픔과 고통의 감정이 밀려올 때마다 스스로 무너져내려 자학하는 아이로 자랄 수도 있습니다. 자기 스스로 감정을 이겨낼 줄 알아야 아이는 강인하게 자랍니다.

■ 시간의 주인이 되게 하라

아이가 어릴 때는 칼 비테가 직접 아이의 하루 일과표를 짰습니다. 6시 반에 일어나 산책을 하고 8시엔 외국어 공부, 9시에는 역사 공부를 하는 식의 구체적인 계획표를 만들었죠. 그러다 사정이 생겨서 계획표대로 할 수 없을 경우에는 그 옆에 이유를 쓰고 어떻게 계획표를 수정했는지 적어두었습니다. 그리고 칼이 여덟 살이 되자 칼 비테는 아이에게 직접 계획을 세우게 합니다. 처음에 칼은 우왕좌왕하다가 이내 중요한 일들을 떠올리며 계획표를 만들었습니다.

칼 비테는 왜 그렇게 자세하게 시간을 기록해둔 걸까요? 유한한 인생에서 시간을 정확하게 계획해야 쓸데없는 낭비를 줄일 수 있기 때문입니다. 시간의 소중함을 알고 좋은 습관을 기르기 위해서였죠.

하지만 아무리 시간의 중요성을 역설한다고 해도 어린아이들은 대체로 시간관념이 부족할 수밖에 없습니다. 어릴수록 자기가 하고 싶은 일이 생기면 충동적으로 행동하기 때문이죠.

어느 날 칼 비테는 오후 3시에 아들과 낚시를 하러 가기로 했습니다. 동네에 물고기가 많은 강이 있었는데 마을 사람들에게는 낚시도 하고 조촐한 파티도 할 수 있는 명소였습니다. 칼은 오전에 친구를 만나기로 약속했기 때문에 친구와 놀다가 오후에 아버지와 강에 가기로 했습니다. 하지만 친구랑 정신없이 놀다가 아버지와의 약속을 깜빡 잊어버립니다. 이미 시간은 3시 반이었습니다. 칼 비테는 몹시 화를 냈습니다. 칼은 지금 가도 늦지 않은데 아버지가 왜 그렇게 화를 내는지 이해되지 않았습니다.

둘은 예정보다 조금 늦게 낚시터로 떠났습니다. 칼 비테는 아들에게 낚싯대를 사용하는 법을 알려주고는 자신은 다른 곳에서 낚시를 하고 있을 테니 6시에 만나자고 합니다. 칼은 물고기를 잡으면서 신나게 시간을 보냅니다. 그러다 보니 해가 저물고 날이 컴컴해지기 시작했습니다. 아버지는 소식도 없었고요. 칼은 옆에 있는 사람에게 시간을 물어보았습니다. 이미 7시가 다된 시간이었습니다. 칼은 불안해지기 시작했죠. 혹시 아버지에게 무슨 일이 생기지 않았는지 초조하게 기다립니다.

그로부터 30분이 지나서야 아버지가 나타납니다. 칼은 아버지에게 왜 그렇게 늦었느냐며 원망의 말을 던집니다. 칼 비테가 말했습니다.

"칼, 사람을 기다리게 하는 게 얼마나 나쁜 일인지 이제 알겠지? 시간을 지키는 건 정말 중요한 일이야. 앞으로는 꼭 시간을 지키렴."

칼 비테는 말로만 혼내는 대신 직접 기다리는 사람의 감정을 느껴보게 함으로써 아들이 다시는 약속에 늦지 않게 했습니다.

■ 태도에 관하여

칼 비테는 보람 있는 인생을 살기 위해서는 무슨 일에서든 완벽을 추구하는 마음을 가져야 한다고 말했습니다. 완벽을 추구하는 습관이야말로 성공의 필수 조건 가운데 하나라는 것이죠.

어린 시절 칼은 그림 그리기를 좋아했습니다. 어느 날 노을을 배경으로 노을에 비친 꽃을 그리려고 했죠. 그림을 그리는 사이 해가 지고 말았습니다. 그림을 아직 완성하지 못한 상태에서 해가 지자 마음이 급해진 칼은 대충 그림을 끝내고 스케치북을 덮었습니다. 칼 비테는 저녁 식사를 마치고 나서 그림을 보여달라고 합니다. 그리고 칼에게 묻습니다.

"노을에 비친 꽃들은 대체 어디 있니?"

칼은 해가 져서 꽃이 잘 보이지 않자 대충 시커멓게 그려버린 것이었습니다. 칼 비테는 서재로 가서 레오나르도 다빈치의 〈암굴의 성모〉라는 그림을 보여주었습니다. 그 그림은 어두운 동굴을 배경으로 했지만 그림 속의 꽃은 화려하고 우아하게 피어 있었습니다.

물론 레오나르도 다빈치 같은 거장의 그림과 어린아이의 그림을 비교한다는 것 자체가 말이 되지 않습니다. 하지만 칼 비테는 어둠 속의 꽃을 어떻게 그리는지를 가르쳐주려던 것이 아니었습니다. 바로 칼의 태도를 지적하고 싶었던 거죠.

"그림을 그리다가 해가 저물어 급한 마음에 대충대충 그렸지? 그림을 그리는 실력보다 중요한 것은 그림을 그리는 태도란다. 완벽해지기 위해서는 스스로에게 엄격해져야 해. 완벽하게 해내려는 의지가 있어야 한단다."

칼 비테는 성리학에서 말하는 주일무적主一無適의 정신을 알려주고자 했던 것입니다. 자신이 하는 일에 집중하여 마음이 흐트러지지 않는 것이 주일무적입니다. 자신이 하는 일에 온 마음을 바치지 않으면 결국 무슨 일이든 흉내 내는 것에 지나지 않는다는 점을 가르쳤던 것입니다.

칼 비테는 일뿐만 아니라 사람에게도 정성을 다하라고 했습니다. 누군가를 만날 때는 이 세상에 오직 그만 존재하는 듯이 행동하라고 했지요. 그러면 그와 완벽한 인간관계를 맺을 수 있다는 것이었습니다.

■ 건강한 삶을 위한 균형 잡기

대개 어른들도 그렇습니다. 일이 눈앞에 쌓여 있어도 최대한 미루며 게으름을 피웁니다. 커피도 한잔 마시고, 수다도 잠시 떨고, 스마트폰에 뭔가 재미있는 것이 있는지 찾아보다가 더 이상 미룰 수 없는 지경이 되어서야 일을 시작합니다. 그렇게 되면 시간 관리에 실패할 수밖에 없고 인생에도 실패하게 됩니다.

칼 비테는 칼에게 해야 할 일은 최대한 빠르고 신속하고 과감하게 끝낼 것을 당부했습니다. 공부를 하루 종일 할 필요도 없다고 했습니다.

하루에 두세 시간이면 충분하다는 것이었죠. 대신 공부할 때는 모든 것을 걸고 전심전력을 다해야 합니다. 그러면 비록 두 시간을 공부했더라도 설렁설렁 열흘을 공부한 것보다 더 많은 것을 얻을 수 있다고 자신했습니다. 하루 두 시간씩 공부해야 나머지 시간에 쉬기도 하고 운동도 하면서 균형 있게 인생을 즐길 수가 있는 것이죠.

처음에 칼은 45분씩 공부를 했습니다. 이 시간에 집중하지 않으면 칼 비테는 무섭게 야단쳤습니다. 칼이 공부할 때는 엄마나 하인이 말을 걸어도 대답하지 않았습니다. 손님이 찾아와도 잠시 기다리게 했습니다. 그리고 어릴 때부터 일을 빨리 하는 습관을 들이지 않으면 시간이 순식간에 흘러간다는 것을 누누이 강조했어요.

■ 이만하면 '안' 됐어

흔히 어른들은 아이가 어느 정도 해내면 "그 정도면 됐다."는 말을 하곤 합니다. 아이에 대한 기대치가 높지 않아서이기도 하고 시간을 끌고 싶지 않아서이기도 합니다. 하지만 이 말을 건네는 순간 아이에게 일을 대충하는 법을 가르치게 됩니다. 아이는 전심전력을 다하지 않는 법을 익히게 되는 거죠.

아이가 책을 읽거나 그림을 그리거나 문제를 풀거나…… 어떤 일을 하더라도 그 순간만큼은 완벽하게 하라고 가르쳐야 합니다. 무슨 일에든 최선을 다하고 최고가 되게 가르쳐야 하는 것입니다. 반드시 1등을 해야 한다는 의미가 아닙니다. 최대한 집중력을 발휘하고 마음을 쏟으라는 것이죠.

그런 완벽함은 주변 사람을 위한 것이 아닙니다. 부모님이나 선생님, 친구들을 기쁘게 하기 위해서가 아니라 바로 자기 자신을 위해서 완벽함을 추구하는 것입니다. 앞에서도 말했지만 매일 완벽을 추구하며 성장해나가는 것을 목표로 삼아야 완벽하게 일을 해나갈 수 있습니다.

칼 비테는 이렇게 완벽을 추구하는 자세는 예술 교육을 통해 가능하다고 했습니다. 음악가든 미술가든 유명한 예술가들은 자신에게 허락된 최고의 완벽을 위해 혼신의 힘을 다했습니다. 그러니 몇 백 년 후에도 우리가 그 사람의 그림을 감상하고 음악을 연주하는 것이겠죠. 우리는 그렇게 완벽을 추구하는 정신을 배워야 합니다.

질적으로 뛰어난 공부라고 해서 뭔가 고차원적인 것들을 많이 가르치라는 것이 아닙니다. 어렵고 복잡한 문제가 나와도 포기하지 않고 끝까지 물고 늘어지게 하라는 것이죠. 그런 과정을 훈련해야 훗날 어떤 일이 닥쳐도 끝까지 해낼 수 있게 됩니다.

예를 들어볼까요? 칼은 수학 문제를 굉장히 잘 풀었습니다. 칼 비테는 아들의 능력을 키우기 위해 능력을 뛰어넘는 어려운 문제들을 풀게 했습니다. 칼은 최대한 집중하여 문제를 풀었습니다. 그것이 습관이 되다 보니 어려운 문제도 제한 시간 안에 잘 풀게 되었습니다.

한번은 시간이 한참 흘렀는데도 칼이 문제를 풀지 못했습니다. 덥지도 않은 날씨에 얼굴은 벌게지고 엄청나게 땀을 흘렸습니다. 칼 비테는 걱정스러운 마음에 쉬었다가 내일 다시 풀자고 말합니다. 하지만 칼은 더 풀겠다고 말하죠. 그리고 한참의 시간이 흐르고 칼이 그 문제를 풀어냅니다. 칼은 신이 나서 저녁 식사 중에 내내 자신이 어떻게 문제를 풀었나를 설명했고 평소보다 맛있게 많은 음식을 먹었습니다. 칼은 이렇게 말했습니다.

"수학 문제가 너무 어려워서 머리가 터질 것만 같았어요. 방에서 뛰쳐나가고 싶은 순간이 한두 번이 아니었어요. 하지만 그때마다 '칼, 포기하지 마.'라고 속삭이는 마음의 소리를 들었어요."

그 후 칼의 능력은 한층 발전해서 훨씬 어려운 문제도 풀 수 있게 되었습니다. 끝까지 포기하지 않고 해결하려는 마음을 가진 덕분에 훗날 칼 비테 주니어는 훌륭한 책을 쓸 수 있지 않았을까요.

경제 교육으로 세상을 이해하게 하다

경제 교육은 이 시대를 살아가는 우리에게도 대단히 중요한 문제입니다. 저는 경제 교육에 대해 아주 명확한 생각을 가지고 있습니다. 책을 통해서도 경제 교육을 할 수 있다는 것이죠. 의아하게 생각하는 분들이 계실 것입니다. 하지만 정말 그렇습니다. 책을 통해 경제관을 키우고 유혹에 흔들리지 않게 마음을 다스리는 법을 배우면 저절로 돈이 쌓인다는 뜻입니다.

사람은 욕망에 흔들리기 쉬운 존재입니다. 특히나 요즘처럼 유혹이 다양해진 시대에는 더욱 그렇습니다. 책을 읽고 원칙을 세우지 않으면 자신의 전 재산을 말도 안 되는 일에 쏟아부을 수도 있습니다.

어떤 부부가 투자를 위해 빌라를 샀습니다. 한두 채로 이익을 내고 보니 욕심이 생긴 부부는 공무원을 그만두고 전 재산에 대출까지 받아 총 80채의 빌라에 투자했습니다. 그러다 빌라의 임대료보다 은행 이자가 훨씬 많아지게 되자 도저히 빚을 감당하지 못하고 함께 목숨을 끊었습니다. 안타까운 일입니다.

부동산 투자가 나쁜 것은 아닙니다. 서민들이 그나마 시도해볼 만한 투자니까요. 다만 욕망에 휘둘리지 않는 투자를 해야겠죠. 혹시나 하는 기대감에 다른 사람들의 부추김에 넘어가서 앞뒤 가리지 않고 뛰어들면 안 된다는 겁니다. 내 안의 욕망은 굉장히 약한 존재입니다. 그걸 똑바로 바라보지 못하면 곤란한 일이 생깁니다. 그 때문에 부자가 되기 위해서는 정말 독서를 많이 해서 마음의 평정을 찾는 법을 배워야 합니다.

그렇다면 칼 비테는 왜 경제 교육을 했을까요? 바로 칼 비테 자신이 늘 경제적으로 쪼들렸기 때문입니다. 국가에서 생계를 책임져주는 목사였으니 그래도 먹고살 만하지 않았을까 싶지만 칼 비테는 자녀 교육에 너무 큰 투자를 했습니다. 아이가 지중해를 보고 싶다고 하면 바로 짐을 싸서 여행을 떠나는 식이었으니 지출이 만만치 않았을 겁니다. 당시에는 책도 엄청나게 비쌌습니다. 그런데도 아이에게 좋은 책을 아끼지 않고 읽혔으니 늘 살림이 쪼들렸겠죠. 그래서 그는 정말 열심히 아들에게 경제 교육을 했습니다. 하지만 단순히 돈에 대한 교육이라기보다는 세상에 대한 교육이었습니다.

우리는 돈을 초월해서 살 수 없습니다. 직업을 선택할 때도 돈을 무시할 수 없습니다. 아무리 좋은 직업이라도 돈을 벌지 못하면 세상 사람들이 인정해주지 않습니다. 전쟁도 돈 때문에 일어납니다.

칼 비테는 경제 교육을 통해 아들이 이런 세상을 이해하게 했습니다. 그러면서도 아이가 이기적인 존재가 되지 않도록 했습니다. 경제 교육을 제대로 받지 않은 아이는 용돈이 어디서 오는지 모르기 때문에 언제나 용돈을 올려달라고 조르는 이기적인 아이가 되어버립니다. 언제나 부모에게 불만을 갖는 나쁜 아이가 되는 거죠.

■ 스스로 번 돈의 가치

칼 비테는 아들에게 쉽게 용돈을 주지 않았습니다. 대신 적절한 때 돈을 주어 아이를 격려했습니다. 칼이 열심히 공부해서 성적을 잘 받으면 용돈을 주었습니다. 하지만 잘못된 일을 하거나 공부를 열심히 하지 않으면 용돈을 도로 가져갔습니다. 돈 벌기가 얼마나 어려운지 알게 하고 모든 일은 뿌린 대로 거둔다는 교훈을 가르치기 위해서였습니다.

칼이 공부를 열심히 해도 상으로 주는 용돈의 액수가 컸던 것은 아닙니다. 칼 비테는 많은 돈을 주는 것에 반대했습니다. 쉽게 돈을 많이 얻으면 돈의 소중함을 깨달을 기회가 없고 모든 것을 부모에게서 얻으면 된다는 생각에 나약해질 수 있기 때문입니다.

한번은 칼이 망원경을 가지고 싶어 했습니다. 당시 칼은 천문학에 관심이 많아 망원경으로 천체 관측을 하고 싶었던 것입니다. 하지만 칼의 용돈으로는 망원경을 살 수 없었습니다. 칼 비테는 정말 망원경이 갖고 싶다면 일을 해서 돈을 벌라고 말합니다. 그리고 원고를 베껴 쓰는 일을 구해주었습니다. 칼은 밤이 늦도록 원고를 베껴 써서 용돈을 벌었습니다. 또 귀가 어두운 이웃 할머니에게 책을 읽어주는 일도 했습니다. 6개월 가까이 일을 하고서야 칼은 망원경을 살 수 있었습니다.

돈 벌기가 힘들다는 것을 알아야 돈을 귀하게 쓰기 때문에 어린 나이에도 용돈을 벌게 했던 것입니다. 이런 교육을 받지 못한 아이는 부모에게 돈이 귀하다는 이야기를 아무리 들어봐야 아무것도 배우지 못합니다.

■ 합리적으로 소비하는 연습

칼 비테는 아이가 식탁에서 반찬 투정을 하자 가계부를 쓰게 하고 집안 살림을 해보게 했습니다. 일주일치 생활비를 건네고는 무턱대고 써버리면 안 된다고 일러주었습니다. 가족들의 일주일치 생활비는 큰 액수가 아니었지만 어린 칼에게는 아주 큰돈이었습니다.

생활비를 받아든 칼은 잠시 부자가 된 기분이었습니다. 아무리 써도 돈이 다 없어지지 않을 것만 같았습니다. 칼은 먹고 싶은 것을 실컷 사들였습니다. 엄마가 사주지 않던 것들도 마음대로 샀습니다. 낡은 식탁보도 바꾸었죠. 당연히 일주일이 지나기 전에 돈이 거의 다 없어졌습니다. 칼 비테는 아들에게 지출 내역을 살펴보게 했습니다. 아이는 하나하나 살펴보면서 자신이 낭비했음을 깨달았습니다.

칼은 다시 한 번 기회를 달라고 합니다. 지난번의 실수를 만회하려는 듯 이번에는 엄청난 절제력을 발휘합니다. 지난주와는 비교도 되지 않을 만큼 저렴한 식단을 짜는 것은 물론 엄마가 비싼 물건을 사지 못하게 앞장서서 말리죠. 심지어 꼭 필요한 것조차 사지 못하게 합니다. 그 덕에 생활비가 꽤 남았습니다. 그러자 칼 비테가 뜻밖의 충고를 해줍니다. 돈을 신나게 써대는 것도 문제지만 악착같이 쓰지 않는 것도 문제라고요. 돈을 아끼는 것도 중요하지만 필요한 물건은 사야 한다는 것이었습니다. 칼 비테는 적절한 선을 지켜서 합리적인 소비를 하라고 말합니다. 이런 방법으로 칼 비테는 아들이 적절하게 소비하는 방법을 익히게 했습니다.

■ 잘 쓰는 법을 가르쳐라

칼 비테는 돈을 의미 있게 쓰는 일도 가르쳤습니다. 과자나 장난감보다는 오랫동안 도움이 되는 책이나 문구를 사는 것이 현명하며 크리스마스 같은 때에는 가난한 아이들을 위한 선물을 사라고 했습니다. 누군가 어려운 일을 당하거나 사고를 당하면 칼 비테는 아이를 데리고 가서 그들을 보살폈습니다. 칼은 자신이 모은 돈을 그들을 위해 선뜻 내놓았고 그때마다 칼 비테가 아이를 칭찬해주었습니다.

어느 날 칼이 저축한 돈이 엄청나게 줄어든 것을 보고 칼 비테가 아들에게 이유를 물었습니다. 그러자 칼은 공부를 좋아하지만 가정 형편이 어려운 친구 이야기를 털어놓았습니다. 그 친구가 칼의 책과 문구를 부러워하기에 자신의 문구를 나누어주고 저축한 돈도 나눠주면서 열심히 공부하라고 했다는 것이었습니다. 후에 그 친구의 부모가 칼 비테를 찾아와 칼의 천사 같은 행동을 칭찬했습니다. 칼은 자신의 돈으로 남을 돕는 것이 얼마나 아름다운 일이며 그게 상대방에게 얼마나 큰 힘이 되는지를 알았던 것입니다.

경제 교육에 대한 몇 가지 오해

부모들은 아이 앞에서 돈 이야기를 꺼리는 경향이 있습니다. 아직 아이들은 순수하니까 최대한 늦게 돈에 대해 알았으면 좋겠다는 생각에서입니다. 많은 부모들이 지식, 기술, 예절에 대해 공을 들여 가르치면서도 경제 교육만은 제대로 하지 못하는 경우가 많습니다. 일찍 돈에 대해 알면 아이가 욕심이 생기지 않을까 걱정하는 것이죠. 그러나 오히려 경제 교육을 받지 않으면 아이는 돈에 대해 강한 욕망을 가지게 됩니다. 집안 형편에 강한 불만을 갖게 되죠.

의외로 아이들의 마음을 강력하게 지배하는 것이 돈입니다. 정말입니다. 그래서 아이가 원하는 것을 쉽게 사주는 습관을 들이면 절제력을 가르칠 수가 없습니다. 부잣집 아이들에게 경제 교육을 하기가 어려운 것도 그래서입니다. 물론 요즘 부자들은 아이들에게 더욱더 열심히 경제 교육을 합니다. 돈의 소중함을 모르면 후에 비참한 일이 생길 수도 있다는 것을 알고 있기 때문입니다.

아이가 절제력을 배우지 못하면 자신의 손에 돈이 들어오는 순간 모두 써버립니다. 그것도 엉뚱한 곳에 말이죠. 돈을 우습게 생각하게 되면 세상도 가볍게 여기게 됩니다.

아이가 돈을 일찍 알아 탐욕스러워지는 것은 경제 교육을 잘못했기 때문입니다. 제대로 교육을 받으면 아이는 돈 앞에서 평정심을 유지할 수 있습니다. 또한 돈을 지나치게 귀하게 여기거나 지나치게 무시하지 않게 됩니다.

칼 비테는 경제 교육을 인간관계 교육으로 여겼습니다. 아주 중요한 부분입니다. 돈을 중심으로 사람이 움직이면 안 되지만 실제 인간관계에서는 돈이 굉장히 중요한 역할을 합니다. 돈을 빌리고 빌려주는 일은 정말 해서는 안 됩니다. 좋은 관계에도 돈이 끼어들기 시작하면 지저분해지고 치사해지는 것은 순식간입니다. 이 점은 아이들에게 강조해서 가르쳐야 하는 부분입니다.

부모의 자녀 교육은
사회를 바꾸는 힘이 있다

: 페스탈로치와 그 후예들은
칼 비테의 교육법을 어떻게 적용했는가

• • •

칼 비테의 교육법이 정말 훌륭하기는 하지만 이를 현실에 적용할 생각을 하면 조금 막막할 수도 있습니다. 이쯤에서 《칼 비테 교육법》을 자기 것으로 실천한 대표적 인물인 페스탈로치에 대해서 알아보는 것도 의미가 있을 듯합니다. '교육의 성자'라 불리는 페스탈로치와 그 후예들은 칼 비테에게 큰 영향을 받았습니다. 그들은 새로운 교육법을 만들 때 칼 비테의 교육법을 많이 참고한 것으로 알려져 있습니다. 여기에서는 페스탈로치와 그 후예들이 어떻게 칼 비테의 교육법을 적용했고 그 결과 어떤 인물이 탄생했는지에 대해 이야기해볼까 합니다.

최고의 교육학자가 인정하다

페스탈로치는 칼 비테 주니어가 어린 나이에 놀라운 성과를 거두고 법과 대학 입학을 앞두었다는 이야기를 듣고 크게 감동했습니다. 그리고 몇 년 후에 칼 비테에게 다음과 같은 편지를 쓰게 됩니다.

"14년 전에 우리가 교육법에 대해 대화할 당시 당신은 특별한 방법으로 아들을 가르칠 거라고 하셨습니다. 당신의 교육은 크게 성공했습니다. 하지만 세상 사람들은 결과만 보고서 당신의 아들이 태어날 때부터 천재였다고 생각합니다. 그건 매우 잘못된 생각입니다. 부디 당신의 교육 방법을 세상에 알려주세요. 세상 모든 아이들이 혜택을 받을 수 있도록 말이에요."

칼 비테는 페스탈로치야말로 자신의 교육 철학을 이해하고 인정해준 첫 번째 사람이라고 말합니다. 많은 사람들이 칼 비테에게 불신과 의혹의 눈초리를 보낼 때도 페스탈로치는 "당신의 교육법은 반드시 성공할 것"이라고 격려해주었습니다. 그러면서 칼 비테의 교육법을 세상에 공개해달라고 편지까지 보낸 것입니다. 제가 가지고 있는 자료에 따르면, 이 편지를 보낸 날짜가 1814년 9월이므로 편지에 나오는 '14년 전'이란 칼 비테 주니어가 태어난 해를 의미합니다.

저는 페스탈로치에게 크게 감동했습니다. 당시 칼 비테는 무명이나 다름없었지만 페스탈로치는 굉장히 유명한 사람이었습니다. 그럼에도 칼 비테의 교육법을 인정하고 높게 평가하여 직접 편지까지 보낸 것입니다.

페스탈로치는 스위스 취리히 출신으로 1746년에 태어나 1827년에 세상을 떠났습니다. 할아버지는 목사였고 아버지는 의사였습니다. 그의 집안은 지적으로 높은 위치에 있었습니다. 그런데 집안 분위기가 많이 독특했습니다. 할아버지는 가난한 사람을 위해 목회 활동을 했고 아버지는 가난한 사람들을 돌보았습니다. 어머니는 고아원을 꾸준히 후원했습니다. 이런 집안 분위기에서 어린 페스탈로치는 마땅히 할아버지와 부모님처럼 살아야 한다고 생각하면서 자랐습니다. 지식인은 가난한 사람에게 봉사해야 한다는 생각을 한시도 잊지 않았습니다.

처음에 페스탈로치는 신학을 공부했지만 타락한 종교에 환멸을 느끼고 법학으로 진로를 바꾸게 됩니다. '법이 바뀌어야 세상이 바뀐다. 내가 법을 바꿔보자.'라는 생각을 품었던 것입니다. 하지만 루소의 《에밀》을 읽은 그는 다시 한 번 진로를 바꿔서 교육자의 길을 걷게 됩니다. 《에밀》은 자연주의 교육론의 획기적인 지침서로서, 아이의 인성과 독립성을 길러주는 교육을 강조합니다. 이후 페스탈로치는 빈민 아동과 고아의 아버지로 불리게 됩니다.

페스탈로치의 교육론은 칼 비테와 비슷한 점이 많습니다. 우선 두 사람은 도덕 교육과 인성 교육을 강조했다는 점이 비슷합니다. 페스탈로치는 인성이 먼저 갖추어져야 지능도 열린다고 주장합니다. 한마디로 먼저 인간이 되어야 두뇌도 개발된다는 것입니다.

페스탈로치는 어린이를 자신만의 세계를 가진 인격체로 보았습니다. 그 당시 유럽에서는 획기적인 생각이었습니다. 당시에는 어린아이들도 노동을 해야 했습니다. 당시의 자료를 살펴보면 아홉 살짜리 아이가 혹독한 공장에서 혹사당했음을 확인할 수 있습니다. 아이들은 독립적인 인격체라기보다는 착취의 대상이었습니다. 하지만 페스탈로치는 어린이를 완전한 인격체로 보고 조건 없는 사랑을 실천했습니다. 이런 생각이 유럽에서 혁명을 일으켰습니다. 이후 페스탈로치의 학교는 유럽 교육의 중심이 되었고 바다 건너 미국에까지 영향을 끼치게 됩니다. 우리나라에도 널리 알려진 유치원의 창시자 프뢰벨은 열 살에 페스탈로치의 이야기를 듣고 감동의 눈물을 흘립니다. 그리고 나중에 스위스로 가서 그의 제자가 되었습니다.

지금도 페스탈로치의 영향력은 사라지지 않았습니다. 유럽과 일본에서는 페스탈로치를 연구한 논문과 책자가 활발히 나오고 있습니다. 특히 이스라엘에는 페스탈로치의 교육에 관한 논문이 1,200편이나 있다고 합니다. 이렇게 많은 논문을 세 권의 책에 압축하여 페스탈로치 문헌 목록을 만들고 모든 유대인 교육자들이 언제든 찾아보게 했습니다. 페스탈로치는 지식 교육에서 혁명을 일으켰습니다. 그의 묘비명이 그의 일생을 말해줍니다.

"여기에 하인리히 페스탈로치 잠들다. 1746년 1월 12일 취리히에서 탄생하여 1827년 브루그에서 서거함. 노이호프에서는 빈민의 구제자, 라인하르트와 게르트루에서는 고아의 아버지, 부르크도르프와 뮌헨부흐제에서는 인류의 교육자였다. 진실한 사람, 진실한 기독교도, 진실한 시민으로서 모든 사람을 위하여 자기 자신을 돌보지 않은 그에게 축복이 있으라."

교육의 성자, 페스탈로치의 특별한 교육법

페스탈로치의 삶은 마치 성직자의 삶과 같았습니다. 그는 인간이 하나님의 창조물이기에 무한한 잠재 능력이 있다고 믿었습니다. 그래서 고아나 빈민 아동이라도 제대로 교육만 받으면 얼마든지 위대한 인물이 될 수 있다고 생각했습니다. 이런 신념하에 페스탈로치는 실제로 고아나 빈민 아동과 같이 생활하면서 그들을 교육합니다. 그리고 이 아이들은 그의 바람대로 아주 훌륭한 어른으로 성장합니다.

페스탈로치는 교육이란 직관을 통해 사물의 본질을 깨닫는 법을 가르치는 것이라고 생각했습니다. 사물의 본질을 파악하는 것은 인문학의 핵심이기도 합니다. 바로 격물치지格物致知, 사물의 이치를 연구하여 지식을 완전하게 터득하는 것입니다.

보통 지식을 습득하기 위해서는 산을 빙글빙글 돌아가야 합니다. 당연히 시간이 오래 걸립니다. 하지만 직관이 생기면 산을 꿰뚫어보게 됩니다. 본질을 꿰뚫는 것, 산에 오르지 않고도 꿰뚫어 파악하는 것, 그것이 바로 직관입니다. 직관이 생기면 누군가의 말과 행동만 보고도 그의 총체를 파악하게 됩니다. 페스탈로치 역시 이 지점이 교육이 핵심이라고 생각했습니다.

그런데 페스탈로치는 직관을 기르는 교육에 앞서 어린이에게 예수의 사랑과 평화를 가르쳐야 한다고 주장했습니다. 예수라는 존재는 사랑의 결정체입니다. 페스탈로치는 먼저 선생님이 아이들을 조건 없이 사랑해야 한다고 했습니다. 그런 사랑을 베풀면 아이들은 선생님을 위해 불속에라도 뛰어들 마음가짐을 갖게 됩니다. 그런 관계가 맺어지면 아이들은 '나에게 사랑을 깨우쳐준 사람이 나에게 원하는 것은 무엇일까. 아, 선생님은 내가 지적·도덕적으로 뛰어난 존재가 되기를 원하는구나.' 하고 깨닫고 자발적으로 성장하게 됩니다. 무한한 사랑과 평화로움을 맛본 아이들은 태어날 때부터 지녔던 인간 본연의 천재성을 십분 발휘하게 됩니다. 그 과정에서 직관을 통해 사물의 본질을 파악하는 법도 깨닫게 됩니다.

페스탈로치는 아이들을 위해 최선을 다했습니다. 그는 고아원에서 교사로 일할 때의 경험을 이렇게 털어놓았습니다.

"나는 아이들과 함께 울고 웃었다. 나는 항상 아이들 곁에 있었고 한 공기의 밥과 한 그릇의 물도 나누어 먹었다. 아이들이 건강할 때는 같이 뛰어놀았고, 아이들이 아플 때는 옆에서 간호했다. 나는 아이들과 함께 생활했다."

하지만 페스탈로치의 진심은 이해받지 못했습니다. 고아원 원장에게 그의 진심은 부담스럽기만 했고 결국 그는 고아원에서 쫓겨나고 말았습니다.

페스탈로치는 늘 환영받지는 못했지만 자신이 원하는 이상적인 교육을 향해 거침없이 달려갔습니다. 그렇게 그는 위인이 되었고 끝내 성자라고 불리게 되었습니다.

■ 페스탈로치의 도덕 교육법

페스탈로치는 아이들에게 무조건적인 사랑을 베풀어주라고 했습니다. 아마 페스탈로치가 가르쳤던 대부분의 아이들이 부모로부터 제대로 사랑받지 못하고 영양실조에 시달리던 빈민 아동과 고아였기 때문일 것입니다. 페스탈로치는 가정에서 충분히 사랑받는 아이에게는 추가적인 사랑을 베풀 필요가 없다고 했습니다. 과한 사랑은 오히려 해가 되므로 그럴 때는 우선 겸손부터 가르치라는 것이었습니다.

사랑 외에 페스탈로치가 중요하게 생각한 것은 진실한 태도였습니다. 그는 선의의 거짓말을 포함해서 단 한 번도 거짓말을 하지 않았습니다. 그러다 보니 손해를 보는 일도 많았지만 페스탈로치의 생각은 확고했습니다. 선의의 거짓말이라도 일단 거짓말을 하게 되면 거짓말하는 법을 배워서 나중에는 악의의 거짓말도 하게 된다는 것이었습니다.

독립운동가인 안창호 선생도 비슷한 말을 남겼습니다. 하루는 도산 안창호 선생이 상하이에서 소년단 단원을 만났습니다. 그 소년은 행사를 위해 돈이 필요했습니다. 소년을 도와주고 싶었던 안창호 선생은 꼭 돈을 마련해서 행사 전에 찾아오겠다고 약속합니다. 그런데 약속한 그날, 윤봉길 의사의 의거로 인해 상하이 전역에 애국지사 검거령이 내려집니다. 그럼에도 안창호 선생은 소년과의 약속을 지키기 위해 길을 나섭니다. 만일 그 자리에 나가지 않으면 소년에게 거짓말을 한 셈이 되니까요. 결국 안창호 선생은 일본 순사들에게 검거됩니다. 안창호 선생은 정직과 성실만이 나라를 구하는 유일한 길이라는 믿음이 있었기에 설사 순사에게 잡힐지언정 자신이 한 말을 지키기 위해 노력했던 것입니다. 스스로 거짓말을 하지 않음으로써 우리는 우리 내면의 도덕성을 발견하게 됩니다. 만일 아이들이 거짓말하는 법을 배운다면 자신의 도덕성을 보지 못하게 됩니다. 그래서 부모와 교사들도 거짓말을 해서는 안 되는 것입니다.

또한 진실한 삶을 살기 위해서라도 거짓말하고 싶은 욕망을 이겨내야 합니다. 다시 말해 어떤 상황에서든 진실을 선택해야 합니다. 이를 위해 페스탈로치는 도덕적 훈련이 필요하다고 말합니다. 도덕적 훈련으로 내면의 도덕성을 발견하고 도덕적인 인간으로 자라나야 한다는 것입니다.

그렇다면 어떻게 도덕적 훈련을 하라는 것일까요? 페스탈로치는 아이가 실생활에서 정의와 도덕에 대해 사색하게 함으로써 도덕적 기준을 갖게 해야 한다고 주장합니다. 페스탈로치는 지식으로는 사회를 바꿀 수 없다면서 나의 행동만이 주위 사람들에게 영향을 미치고 궁극적으로는 사회를 변화시킨다고 강조합니다.

힘센 아이가 약한 아이의 음식을 빼앗아 먹으면 어떻게 될까요? 페스탈로치는 이런 질문들을 통해 아이들이 타인의 고통을 이해하게 했습니다. 그리고 자신의 행동이 다른 사람에게 고통을 주었을 경우 어떡할 것인지를 반복해서 물었습니다. 이런 과정을 통해 아이는 자신의 잘못을 깨닫고 행동의 기준을 세우게 됩니다.

　내면에 도덕적 기준이 생기면 아이는 거기에 맞춰 인격적인 존재로 살아가게 됩니다. 아이는 모두에게 믿음을 줌으로써 리더가 됩니다. 모두가 "저 사람은 누구도 속이지 않아!"라고 말한다면 사업에서도 성공할 수 있습니다. 그런 정직한 사업가가 나라 경제를 이끌어간다면 그 나라의 경제구조가 선하게 변할 것입니다.

　페스탈로치는 당시 유럽 사회를 악하다고 규정했습니다. 사회가 악하기에 수많은 고아와 빈민이 생겨난 것이라고 했습니다. 따라서 고아와 빈민이 더 이상 생기지 않으려면 아이들에게 올바른 도덕적 기준을 심어줌으로써 사회를 바꿔야 했습니다. 가장 기본적으로는 거짓말부터 없어져야 했습니다. 그러려면 교사와 부모가 아이들에게 거짓말을 가르쳐서는 안 되었습니다.

　페스탈로치의 도덕 교육은 아이가 아닌 교사와 부모를 주체로 상정한다는 점에서 획기적이었습니다. 그는 아이들을 바꾸기 위해서는 먼저 교사와 부모가 바뀌어야 한다는 점을 강조했습니다. 페스탈로치는 달라진 교사와 부모에게 제대로 교육받는다면 고아와 빈민 아동도 나라의 리더가 될 수 있다고 생각했습니다. 지금은 당연한 이야기로 들리지만 신분제가 엄격했던 당시에는 정말 말도 안 되는 황당한 생각이었습니다. 하지만 페스탈로치의 교육은 훌륭하게 결실을 맺습니다.

■ 페스탈로치의 사고 교육법

페스탈로치는 스스로 생각하는 교육을 실시했습니다. 도덕 교육이 인성 교육이라면 스스로 생각하는 사고 교육은 지능 교육이었습니다. 그러면서 페스탈로치는 기존의 학교교육을 강하게 비판했습니다.

"기존 학교교육은 아이를 문자의 세계에, 직관이라고는 없는 지식의 감옥에 가두는 것이다. 교사는 헛소리를 하고 아이는 영혼이 죽는, 마음이 빠진 학교교육은 버려야 한다. 아이들이 직관을 통해서 사고하게 해야 한다. 이를 위해 필요한 것이 산수와 기하학이다. 또 아이들이 사물을 직접 눈으로 보게 하고 손으로 만지게 하는 것이다. 즉 교육은 생활과 관련된, 생활 속에서 체험할 수 있는 무엇이어야 한다. 이게 직관적 교육법이다."

삼각형의 넓이를 구하는 법을 교실에서 배울 것이 아니라 삼각형을 손으로 직접 만들어 넓이를 재봐야 한다는 거죠. 이 과정에서 직관이 키워집니다.

가끔 텔레비전을 보면 양념을 정확하게 계량하지 않는 맛집이 소개되곤 합니다. 맛집 주인들은 '적당히'라는 말로 양을 설명합니다. 한편 과학자들은 맛의 원리를 연구합니다. 인간이 최고의 맛을 느끼기 위해서는 어떤 요소들이 갖추어져야 하는지 파악하죠. 거기에 맞게 양념을 배합합니다. 하지만 아무리 과학자들이 열심히 노력해도 맛집 주인이 대충 양념하는 것보다 맛있지는 않습니다. 맛집 주인들은 직접 음식을 만드는 과정을 통해 어떻게 해야 최상의 맛을 내는지 이미 직관으로 꿰뚫고 있는 것이죠. 직접 실행하는 과정에서 깨닫는 것, 이것이 바로 페스탈로치가 말한 직관 교육입니다.

페스탈로치는 신앙 교육의 경우에도 어린이들에게 전혀 이해하지 못하는 교리를 외우게 하면 마음과 두뇌가 시들어버릴 뿐이라고 말합니다. 생활의 현장에서 직접 신앙과 경건, 덕을 가르쳐야 한다는 것이었죠. 페스탈로치는 실생활에서 맞부딪치며 깨닫는 과정에서 직관이 길러진다고 했습니다. 그 과정에서 지능도 발달하는 것이고요.

이것은 칼 비테도 중요시했던 부분입니다. 칼 비테는 세상의 선과 악을 정확하게 분별하게 했습니다. 바로 직관을 통해서요. 그는 아이에게 다가오는 사람이 아이를 이용해먹으려는 사람인지 아이를 사랑하는 사람인지 분별하는 법을 아이에게 가르치고자 했습니다. 이런 분별력을 길러주기 위해 인문고전을 읽히고 도덕 교육을 했던 것입니다.

페스탈로치는 수학을 가르칠 때 칠판을 사용하지 않았습니다. 교재는 조약돌과 나뭇가지였죠. 나뭇가지를 한데 합하면 모두 몇 개가 되는가 하는 식으로 기초 지식을 쌓게 했습니다. 그게 익숙해지면 그다음에는 암산을 시켰어요. 아이들이 자신 없어 하면 "너희들은 천재야. 머릿속으로 모든 수학 문제를 다 풀 수 있어."라며 격려했습니다. 아이들이 용기를 내어 암산을 시작하죠. 처음에는 쉬운 암산을 합니다. 그러다 점점 어려운 것도 할 수 있게 되죠. 삼각형의 넓이, 평행사변형의 넓이까지 모두 암산으로 구합니다. 초등학생들이 중·고등학교 책에 나오는 까다로운 기하학을 암산으로 풀어버리는 거죠. 이 사실이 알려지자 당시 유럽에서는 난리가 났습니다. 페스탈로치는 정말 유명해졌죠. 부잣집 아이들이 거액의 돈을 들여 수학 개인지도를 받아도 제대로 못 푸는 문제를 빈민 아이들이 암산으로 풀어버리다니 도대체 어떻게 그게 가능한지 다들 알고 싶어 했습니다. 그 방법을 배워 학교를 열면 떼돈을 벌겠다고 생각한 사람들이 각지에서 모여들었습니다.

페스탈로치는 모든 인식은 직관에서 출발한다고 생각했고 직관의 기초로서 수數, 형形, 언어言語를 중요시했습니다. 특히 페스탈로치는 도형을 머릿속에서 완벽하게 그리게 했습니다. '위에서 볼 때는 삼각형, 모든 측면에서 볼 때는 원 모양인 물체' 같은 것을 머릿속으로 상상하게 하는 거죠. 이는 내 안에 있는 학습의 거인을 깨우는 작업입니다.

그렇게 완벽하게 상상한 후에 그 도형을 종이에 그려보게 했습니다. 그 과정에서 아이들의 창조성과 창의력이 폭발적으로 발전하게 됩니다. 그림을 그릴 때는 자나 각도기를 이용하지 않고 그냥 그리게 했습니다. 처음에는 아이들이 당황하지만 반복해서 연습하다 보면 나중에는 완벽하게 그릴 수 있게 됩니다. 자와 각도기로 그리는 것 못지않게 정확한 그림을요. 그 시대에 이런 식으로 교육을 하다니 정말 대단하지 않습니까?

아이는 기대만큼 성장한다

아이를 키울 때 가장 중요한 것은 열린 마음과 믿음입니다.
페스탈로치는 칼 비테를 자신과 같은 인간으로 대했습니다. 이미 자신은 유명한 교육학자였지만 무명의 시골 목사에 불과했던 칼 비테의 의견을 존중하고 귀담아들었습니다. 그리고 칼 비테의 교육이 반드시 성공할 거라고 진심 어린 격려를 해주었습니다. 그런 태도가 페스탈로치를 교육의 성자로 만든 것이 아닐까요?

우리나라 사람들은 교육에 대해서는 유난히 냉소적인 태도를 보입니다. 다른 사람이 자신과는 다른 방법으로 교육한다고 하면 뒤에서 비아냥거리기 일쑤입니다. 누군가 아이를 학원에 보내지 않는다는 이야기를 들으면 앞에서는 "그런 선택을 하다니 대단하다."고 말하지만 뒤에서는 "그래서 성공하겠어?"라고 빈정거립니다. 이런 냉소적인 태도가 아이와의 관계에도 그대로 적용됩니다.

아이가 자신의 꿈을 이야기하면 앞에서는 "그래, 잘해보렴."이라고 말해주지만 뒤에서는 '설마 진짜 잘하겠어?'라고 생각합니다. 아이를 믿지 않고 좋은 학원을 찾아다닙니다. 부모뿐만 아니라 교사들도 그렇습니다. 아이들 앞에서 너희들은 무엇이든 할 수 있다고 말하지만 사실 진심으로 그 말을 믿지는 않습니다. 이런 이중적인 태도는 곤란합니다. 그런 마음으로 아이의 잠재력을 최대한 이끌어줄 수 있을까요?

칼 비테와 페스탈로치의 가장 위대한 점은 아이들의 잠재력을 완벽하게 믿었다는 것입니다. 자신들이 옳다고 생각하는 방향으로 잘 교육하면 어떤 아이라도 훌륭하게 성장한다는 믿음이 아이들에게도 그대로 전달되었습니다. 교사의 기대만큼 아이는 성장합니다. 이것은 교육적 실험을 통해 증명된 사실이기도 합니다. 부모와 교사가 최선을 다해 아이를 교육하는데도 아이가 변하지 않는다면, 성장하지 않는다면 그것은 부모와 교사가 변하지 않았기 때문입니다. 아이의 잠재의식을 믿지 않는 상태에서는 아이를 변화시킬 수 없습니다. 하지만 믿음을 갖는 것은 쉬운 일이 아닙니다. 칼 비테나 페스탈로치 같은 신념과 믿음을 갖기 위해서는 정말 많이 노력해야 합니다. 아이가 변할 수 있다는 믿음을 가지는 것과 갖지 않는 것은 정말 큰 차이가 있습니다. 일단 가능성의 문이 열려야 어떤 일이든 실현될 수 있으니까요. 수영을 배우기 위해 기꺼이 물에 들어가는 사람과 아예 물에 발도 담그지 않는 사람은 시작점은 같을지라도 완전히 다른 결과를 얻게 됩니다. 일단 물에 들어간 사람은 발차기라도 배울 테니까요.

성공하는 사람들은 할 수 있다는 무조건적인 믿음을 가지고 있습니다. 그들은 자기 확신이 가득해서 실패에 대해서는 거의 생각하지 않습니다. 무슨 일이든 자신이 손을 대면 크게 성공할 거라고 믿습니다. 그러다 물론 처절히 망하기도 합니다. 그래도 그들은 좌절하지 않습니다. 오히려 큰 성공을 이루기 위해서 두세 번쯤 실패하는 것이 당연하다고 생각합니다.

부모가 두려움을 품고 있다면 아이에게 가르쳐줄 것은 두려움밖에 없습니다. 하지만 가능성을 믿는 부모는 아이에게 가능성을 가르쳐줄 수 있습니다. 아마 어린 시절 우리에게 "너는 할 수 있어."라고 강하게 말해주는 사람이 있었다면 우리는 열 배쯤 나은 사람이 되었을지도 모릅니다. 아이에게 그런 믿음을 준다면 우리 아이들은 잘 성장할 것입니다.

수학을 인성 교육의 원리로 활용하다

페스탈로치는 최초로 초등학교 수학 교과서의 체계를 잡은 사람입니다. 현재 쓰이는 수학 교과서의 뿌리를 만든 셈이죠.

당시 유럽의 교육은 아주 엉망이었습니다. 지적 수준이 낮은 사람들이 아이를 가르치는 일이 다반사였습니다. 구둣방 주인이 돈벌이로 아이를 가르치기도 했죠. 아는 것이 별로 없는 사람이 아이들을 가르치다 보니 교리문답을 달달 외우게 하는 것 외에는 달리 가르치는 것도 없었습니다. 그런 환경에서 페스탈로치는 교과서를 만들고 수학을 인성 교육의 원리로 활용했습니다.

왜 수학을 인성 교육의 원리로 사용했을까요? 수학의 특징은 1 더하기 1은 2라는 것입니다. 거짓이 없습니다. 삼각형은 꼭짓점이 세 개이고 내각의 합은 180도, 사각형은 꼭짓점이 네 개이고 내각의 합은 360도라는 수학적 진리는 어떠한 상황에서도 변하지 않습니다. 한마디로 수학은 굉장히 정직한 학문입니다. 다른 과목들은 상황에 따라 진리가 달라지기도 하지만 수학적 진리만은 정직하고 정의롭고 공평합니다. 즉 수학적 원리를 익힘으로써 수학자가 되라는 것이 아니라 수학만큼 바르고 정직한 인간이 되라는 메시지를 가르쳐주는 것입니다.

우리에게 수학은 복잡한 공식을 달달 외워서 짧은 시간 안에 문제를 푸는 과목이죠. 하지만 사실 공식을 외워서 문제를 푸는 것은 진정한 의미의 수학이 아닙니다. 수학은 '왜 그런 공식이 만들어졌을까?'를 생각하고 증명해 보이는 학문입니다. 삼각형의 넓이를 구하는 수많은 방법들을 습득한 후에 새로운 방법을 만들어보는 것이 바로 수학입니다. 유럽과 미국의 수학은 생각하는 학문입니다. 그래서 수학은 철학이기도 하고 수학자는 철학자이기도 합니다.

예를 들어 교과서에 나오는 도형의 합동과 닮음은 철학자 탈레스가 발견한 개념입니다. 2500년 전 탈레스는 이집트를 여행하다가 막대기 하나로 피라미드의 높이를 측정했습니다. 바로 피라미드의 높이와 그 그림자의 비율이 막대기의 높이와 그 그림자의 비율과 같다는 닮음의 원리를 이용하여 계산한 것입니다. 좌표평면은 철학자 데카르트에게서 비롯되었습니다. 방에 누워 있던 데카르트는 파리가 천장에 달라붙어 있는 것을 보고 그 위치를 수학적으로 어떻게 나타낼지 고민하다가 좌표라는 개념을 만들었습니다. 확률은 파스칼이 탄생시킨 개념입니다. 도박사 간의 내기가 중단되었을 경우 배당금을 어떻게 분배하면 좋을지 묻는 편지에 답하기 위해 고안한 개념이었습니다.

직관과 지성으로 사고하는 형상화 교육

페스탈로치가 강조한 교육법 중에 형상화 교육이 있습니다. 앞서 설명했던 수, 형, 언어 중에 '형'에 해당하는 교육 방법입니다. 간단히 설명하면 형상화 교육은 머릿속으로 뭔가를 생생하게 떠올리게 하는 것입니다.

자기계발과 관련해서는 생생하게 미래를 떠올리는 것이 형상화 교육입니다. 과학에서는 사고실험이 대표적인 형상화 교육입니다. 사고실험은 머릿속에 실험실을 차리고 자신의 가설을 실험해보는 것입니다. 이런 사고실험을 통해 실제와 다름없는 정확한 결과를 얻어낼 수 있습니다. 제논, 갈릴레이, 뉴턴, 아인슈타인 등이 모두 사고실험을 통해 과학적 이론을 증명했습니다. 실험실에서 실제로 실험할 때는 외부 요인에 의해 여러 가지 오차가 생기는 반면 사고실험에서는 오차 없이 이상적인 결과를 얻을 수 있습니다. 스마트폰의 기초인 양자론 역시 사고실험에서 나왔습니다. 초끈 이론, 빅뱅 이론 등도 모두 사고실험에서 나온 것이죠. 사고실험은 물리학 연구의 공식적인 방법입니다.

그렇다면 형상화 교육은 어디에서 유래했을까요? 그 시초를 거슬러 올라가다 보면 플라톤과 만나게 됩니다. 그러면 《플라톤의 대화편》 중 〈메논〉에 나와 있는 소크라테스의 이야기부터 살펴볼까요?

소크라테스에 따르면 원래 인간은 우주와 인간에 대한 지식을 완벽하게 지니고 있었다고 합니다. 왜냐고요? 바로 인간은 신의 창조물이니까요. 인간의 영혼은 태어나면서 생긴 것이 아니라 이전 이데아의 세계에서부터 존재하던 것이었습니다. 이데아의 세계에서 인간은 모든 것을 알았지만 지상으로 추락하면서 모든 기억을 잊게 되었죠. 그러므로 대화를 통해 진리를 일깨워주면 모두가 소크라테스 이상의 진리를 깨닫게 된다는 것이었습니다. 그 진리는 누가 가르쳐준 것이 아니라 원래 자신이 가지고 있었던 것입니다.

소크라테스의 대화법은 문답을 통해 원래 가지고 있었던 지식을 깨우쳐주는 것이었습니다. 하지만 소크라테스의 제자들은 의심을 품었습니다. 그래서 소크라테스는 노예를 데리고 와서 직접 대화를 나누기 시작했습니다. 그 노예는 평생 심부름이나 하고 음식을 나르기만 했을 뿐, 지적 교육을 받은 적은 없었습니다. 소크라테스는 그 노예와의 대화를 통해 그가 이미 그리스 지식인이 가지고 있던 수학적 지식을 모두 가지고 있음을 증명했습니다. 소크라테스의 말대로 교육이란 새로운 지식을 머릿속에 넣어주는 것이 아니라 이미 알고 있었지만 잠시 잊었던 것을 다시 끄집어내는 것이지요. 동양에서는 모든 인간이 아름다운 천성을 타고났다는 정도의 주장을 했지만 서양에서는 아예 모든 인간이 완벽한 지능을 가진 존재라고 믿었습니다.

소크라테스의 제자인 플라톤의 형상화 교육은 이데아로 설명할 수 있습니다. 플라톤은 눈앞의 물건은 가짜이고 진짜는 이데아의 세계에 있다고 주장했습니다. 우리 눈앞에 있는 볼펜은 가짜이고 진짜 볼펜은 이데아의 세계에 있다는 것이죠. 이런 이데아의 세계, 직관의 세계, 형상의 세계는 감각에 의해서는 지각되지 않고 직관, 지성, 영혼을 통해서만 사고할 수 있다고 합니다. 이런 형상 이론의 마지막 지점은 바로 플라톤의 정다면체 이론으로 이어집니다.

플라톤은 세상이 물, 불, 흙, 공기 등 네 가지 원소로 이루어졌다면서 네 가지 원소는 모두 작은 입체의 집합체라고 주장했습니다. 그러면서 세계는 완벽한 입체로 만들어지기 때문에 이 원소들은 반드시 정다면체 꼴이어야 한다고 했습니다. 불은 가장 가볍고 날카롭기 때문에 정사면체, 흙은 가장 안정되어 있기 때문에 정육면체, 물은 활동적이고 유동적이기 때문에 정이십면체라는 것입니다. 정팔면체는 엄지와 검지로 마주 보는 꼭짓점을 잡고 가볍게 입으로 불어 돌릴 수도 있을 듯이 보이므로 공기를, 정십이면체는 우주 전체를 나타낸다고 말했죠.

이런 맥락에서 플라톤은 기하학을 중시했습니다. 철학은 증명을 필요로 하고 가장 완벽한 증명은 수학적 증명이라는 것이었습니다. 수학적 증명은 이론의 여지가 없으니까요. 그래서 완벽한 진리를 찾기 위해서는 수학을 해야 했습니다. 특히 국가를 통치할 사람은 10년 이상 수학을 공부해야 한다고 했습니다.

이런 플라톤의 정다면체 이론이 좀 황당하게 느껴질지 모르지만 케플러는 여기에서 영감을 얻어 정다면체에 기초한 기하학적 우주 모형을 만듭니다. 플라톤의 정다면체 이론에 입각하여 정팔면체, 정이십면체, 정십이면체, 정사면체, 정육면체의 순으로 배열하여 모형을 만들었더니 수성, 금성, 지구, 화성, 목성, 토성 등 행성의 궤도가 정확하게 일치했다는 것입니다.[이 우주 모형은 행성의 궤도가 타원임이 밝혀지면서 폐기됩니다.]

이후 케플러는 자신의 이름이 붙은 세 가지 법칙, 즉 케플러 법칙으로 행성 운동을 정리했습니다. 첫째, 모든 행성의 궤도는 태양을 하나의 초점에 두는 타원궤도다. 둘째, 태양과 행성을 연결하는 선분이 같은 시간 동안 그리는 면적은 항상 일정하다. 셋째, 행성의 공전 주기의 제곱은 타원궤도의 긴반지름의 세제곱에 비례한다.

플라톤의 이론은 지금까지도 학자들에게 흥미로운 연구 대상입니다. 예술의 소재로도 많이 쓰입니다. 현대 미술가인 로레 베르트는 플라톤의 정다면체를 모티브로 예술 활동을 하고 있습니다.

■ 평범한 부모를 위한 형상화 교육

페스탈로치의 형상화 교육이 구체적으로 어떻게 실행되었는지를 알려주는 자료는 별로 없습니다. 다만 미셸 루트번스타인과 로버트 루트번스타인의《생각의 탄생》이라는 책을 통해 그 실체를 엿볼 수 있습니다.

루트번스타인 부부는 천재 부모가 아니라 교육에 대해 진지하게 생각하는 부모 밑에서라면 아이들이 충분히 형상화 기술을 쌓을 수 있다고 말합니다. 페스탈로치가 세운 스위스 학교에서만 받을 수 있는 교육이 아니라는 거죠. 집에서도 충분히 그런 능력을 키울 수 있습니다.

그렇다면 천재가 아닌 부모에게는 어떤 교육 방법이 있을까요? 루트번스타인은 크게 기하학적인 방법과 일반적인 방법으로 나누어 설명했습니다. 먼저 기하학적인 교육 방법을 살펴보죠.

다음을 읽고 머릿속으로 3차원의 영상을 한번 상상해보세요. 도형을 머릿속에 하나 띄워놓고 하나하나 맞춰보며 조건에 맞는 형태를 상상해보는 것입니다.

모든 측면에서 볼 때 삼각형인 물체는 무엇일까요? 위에서, 모든 측면에서 볼 때 정사각형인 물체는 무엇일까요? 주의할 점은 절대 펜으로 그리지 말고 머릿속으로만 상상해야 한다는 거예요. 아마 여기까지는 생각보다 어렵지 않을 것입니다. 그럼 조금 더 상상력을 키워보겠습니다.

위에서 볼 때는 정사각형, 모든 측면에서 볼 때는 삼각형인 물체는 무엇일까요? 위에서 볼 때는 삼각형, 모든 측면에서 볼 때는 정사각형인 물체는 무엇일까요? 아마 이번에는 시간이 조금 더 걸렸겠지만 그래도 아주 어렵지는 않았을 것입니다. 그런데 다음에 소개하는 도형은 아마 쉽게 상상이 되지 않으실 겁니다.

위에서 볼 때는 원 모양, 한 측면에서 보면 삼각형, 나머지 측면에서 보면 사각형인 물체는 무엇일까요? 머릿속으로 그려지시나요? 아무리 생각해도 이런 도형은 없는 것 같다고요? 하지만 분명 존재하는 도형입니다. 정답은 《생각의 탄생》에 나와 있습니다.

이 기하학적인 교육 방법은 페스탈로치의 형상화 교육에서 비롯된 것이 분명합니다. 페스탈로치 역시 제자들에게 손을 쓰지 말고 머릿속으로 먼저 그리게 했죠.

루트번스타인의 책에 한 전기공학자의 이야기가 나옵니다. 어떤 공장에서 부품을 깎아야 하는데 얼마나 깎아야 할지 계산이 되지 않았습니다. 그러자 천재 공학자가 "잠깐만!" 하고 외치죠. 그사이에 그 과학자는 머릿속에 있는 실험실의 문을 열고 그 안으로 들어가는 겁니다. 그러고는 이내 말합니다. "내가 지금 사고실험을 했는데 5.33세제곱인치면 되겠어." 도면을 그릴 필요도 없이 정확하게 어느 정도 깎아야 하는지를 계산했던 것입니다.

이런 능력은 앞서 말한 기하학적 교육법으로 길러집니다. 가상화를 계속하면 머릿속에서 수많은 도형을 자유자재로 그리고 만들고 깎아낼 수 있습니다. 여기에서 더 나아가 다른 과학적 사고도 머릿속에서 자유롭게 할 수 있게 됩니다. 목성의 궤도를 바꾸면 태양계에 어떠한 영향을 끼치는지 같은 것들까지 말이에요.

그러면 이제 형상화 교육을 실행하는 일반적인 방법을 크게 세 가지로 나누어 알아볼까요?

먼저 자신의 감각적 이미지를 인식하는 겁니다. 루트번스타인은 "방금 열쇠를 어디에 두고 왔는지 마음의 눈으로 보라."고 말합니다. 머릿속으로 바나나, 눈, 고양이 등을 떠올리면서 보고 듣고 냄새 맡고 심지어 맛보려고 노력해보는 것이죠. 깨어 있는 동안 시각, 청각 등 각종 감각적 이미지를 이용하여 내가 마주하고 있는 입체적 현실을 처음부터 끝까지 재생해보는 것도 좋습니다. 길을 걸으면서 보고 듣고 느끼고 냄새 맡은 것들을 처음부터 끝까지 머릿속으로 떠올려보는 것에서부터 형상화 교육이 시작됩니다.

다음으로 하고 싶은 일을 마음껏 해봅니다. 좋아하는 영화 장면이 완벽히 자신의 것이 되도록 몇 번이고 떠올리면서 보고 느끼는 것이죠. 마음이 자유로워야 상상력이 제한받지 않습니다.

또한 루트번스타인은 예술을 하라고 권합니다. 그림을 그리기 전에 상상으로 형상화를 시킨 다음 그것을 그리는 거죠. 루트번스타인은 음악, 춤, 그림을 배우기만 하지 말고 머릿속으로 형상화해보라고 했습니다. 그 가운데 이미지가 저절로 떠오르게 됩니다. 모양을 생각하지 않으면 색을 선택할 수가 없고 소리에 대해 이미지를 떠올리지 않으면 건반을 짚을 수가 없다는 것입니다.

우리는 어린아이들에게 이런 예술 교육을 시킵니다. 음악, 미술, 요리, 춤 등 다양한 방면에서 훈련을 받게 하죠. 하지만 우리나라의 예술 교육은 성취에 목적이 맞춰져 있기 때문에 근사한 그림을 그리고 훌륭한 연주를 해야 제대로 교육을 받았다고 여겨집니다. 하지만 형상화 교육의 관점에서 보면 좋은 그림을 그리거나 좋은 연주를 하는 것이 교육의 목적은 아닙니다. 자신이 추구하는 완벽한 그림을 상상하는 것이 목적입니다. 내가 완벽하게 상상했으니 이제 그려볼까, 연주해볼까, 춤춰볼까 하는 마음가짐이 되어야 합니다. 굳이 따지자면 상상이 80퍼센트, 실행이 20퍼센트 정도 되어야 이상적이라는 거죠.

우리나라의 예술 교육은 상상하는 시간이 너무 적고 좋은 결과물을 만드는 것에만 초점이 맞춰져 있습니다. 그래서 예술 교육이 오히려 창의성을 훼손하게 됩니다. 미술 교육에서 가장 나쁜 것은 잘 그려진 작품을 보고 똑같이 그리게 하는 것입니다. 이런 미술 교육은 전혀 의미가 없습니다. 데생 수업도 마찬가지입니다. 보고 그릴 것이 아니라 면밀하게 관찰한 다음 보지 말고 그리게 하는 것이 좋습니다.

작곡의 경우에는 마음속으로 오선지에 음표를 그리고 그 음을 상상하게 하는 것이죠. 대단한 곡을 작곡할 생각을 하면 엄두가 나지 않겠지만 두세 마디만 해보자는 마음으로 시작해보는 거죠. 요새는 다양한 애플리케이션이 많으므로 작곡을 시도하기가 어렵지 않습니다.

시를 쓰는 것도 좋고 춤을 추는 것도 좋습니다. 아이와 요리를 하면서 형상화 수업을 할 수도 있습니다. 요리 전에 먼저 아이와 이야기를 나누며 상상을 해보세요. 기존 요리법을 따라할 것이 아니라 재료의 맛을 상상하고 그에 맞게 직접 요리를 해보는 것이죠. 처음에는 실패할 수도 있겠지만 점점 완벽한 요리를 만들 수 있게 됩니다. 이런 과정을 통해 자신이 상상했던 것을 현실로 구현하는 능력이 생깁니다.

마지막으로 내면의 시각, 청각, 후각, 미각, 촉각 등의 감각을 사용할 기회와 구실을 만들라는 조언을 하고 싶습니다. 코로 냄새를 맡고 귀로 소리를 듣는 데서 그칠 것이 아니라 내면의 귀로 소리를 듣고 내면의 코로 냄새를 맡는 것입니다. 사실 촉각은 손이 아니라 뇌가 느끼는 것입니다. 뇌의 한 부분이 고장 나서 소리를 듣지 못하게 되면 소리를 시각으로 구분하게 된다고 합니다. 뇌 과학자들에 따르면 진정한 감각은 내면에 있다고 합니다. 그러니 내면을 일깨워 감각이 아닌 뇌, 영혼으로 세상을 느끼는 습관을 들여야 한다는 것이죠.

인공지능 시대와 형상화 교육

형상화 교육으로 사고실험을 할 수 있습니다. 페스탈로치는 아이들에게 이런 교육을 해야 한다고 말했습니다. 그래야 천재가 나온다는 것이 페스탈로치의 교육 이론이었습니다. 이후 그의 이론은 서양의 주류 교육 이론으로 자리 잡았습니다. 우리는 아직 시작도 안 했는데 말이죠. 미국의 사립 초등학교에서도 이미 이런 교육을 하고 있습니다. 어린 시절부터 이런 교육을 받게 되면 20세가 되었을 때는 이미 머릿속에 정교한 실험실이 만들어집니다.

아인슈타인은 페스탈로치가 세운 학교에 다니면서 이런 형상화 교육을 받은 대표적인 인물입니다. 아인슈타인은 어릴 때부터 이상한 상상을 많이 했다고 합니다.

예를 들어 전류의 흐름을 배운 후에는 자신이 아주 작은 존재가 되어 전기를 타고 여행을 하는 상상을 합니다. 전기를 타고 가면 어떻게 될까, 빛 위에 올라타면 어떻게 될까 같은 상상을 계속했던 것입니다. 처음에는 평범한 아이처럼 만화적으로 상상하다가 형상화 교육을 받은 뒤에는 구체적으로 과학적인 상상을 했던 것이지요. 다시 말해 머릿속에 실험실을 차려놓고 사고실험을 했던 겁니다. 이런 실험을 통해 아인슈타인은 일반상대성이론을 발견하게 됩니다. 빛을 계속 타고 가는 상상을 하다 보니 우주 공간에 다다릅니다. 그런데 도중에 빛이 꺾이는 거예요. 대체 왜 꺾일까? 아, 중력 때문이구나. 우주가 평평한 것이 아니라 중력에 의해 군데군데 휘어져 있다는 사실을 깨달은 것입니다. 처음에 사람들은 말도 안 되는 소리라고 했습니다. 너무 혁명적이라서 과학계는 받아들이기 힘들어했습니다. 하지만 나중에 어느 천문학자가 태양 주변에서 빛이 휘는 현상을 관측한 후에 공식적으로 인정받기 시작했습니다.

이제 우리에게도 아인슈타인 같은 사람을 길러낼 교육이 필요합니다. 우리 아이들이 살아갈 시대는 지금과 많이 다를 것입니다. 인공지능의 시대가 펼쳐지겠죠. 그 시대를 준비하기 위해서는 지금까지의 교육 방식을 과감히 혁신하고 아이들에게 사고실험 능력을 갖추어줘야 합니다. 변화를 관찰하여 미래를 준비하는 능력이 바로 여기에서 오기 때문입니다.

그런데 안타깝게도 우리는 창조적인 교육, 상상력을 키우는 교육에 대해 약간의 오해를 하고 있습니다. 한때 〈인터스텔라〉라는 영화가 한국에서 크게 인기를 끌었습니다. 아이들의 과학적인 상상력을 키워주기 위해 아이들과 함께 이 영화를 관람하는 부모도 많았습니다. 하지만 그런 영화를 보게 되면 오히려 상상력이 제한받습니다. 영화는 시각적으로 모든 것을 보여주기 때문에 상상력이 딱 막혀버리는 것입니다. 아이들은 감독이 상상한 블랙홀의 세계를 진짜로 믿게 됩니다.

과학적 상상력을 키워주고 싶다면 영화를 보여주는 대신 차라리 조용한 장소에서 스스로 블랙홀이 어떤 모습일지 생각해보게 하는 것이 훨씬 낫습니다. 물론 충분히 상상이 이루어진 후에 그런 영화를 보는 것은 괜찮을 수도 있습니다. '아, 저 감독이 생각하는 모습은 저런 거구나.' 하고 자신의 생각과 비교할 수 있으니까요.

페스탈로치 교육의 결실

페스탈로치의 교육을 받은 아이들은 굉장한 인물들로 성장합니다. 덕분에 페스탈로치의 명성은 더욱 높아졌습니다. 1805년 여덟 살의 나이에 페스탈로치 학교에 들어가 2년간 수학했던 어느 역사학자가 〈어린이들에게 보내는 나의 페스탈로치 교육 회상기〉라는 글을 남겼습니다.

> 우리 모두가 마음속으로 선생님을 아빠처럼 따랐다. 우리는 잠시라도 페스탈로치 아빠가 보이지 않으면 불안해할 정도로 아빠를 사랑했다. 선생님이 한번 나타나면 우리는 곁에 붙어서 떨어질 줄을 몰랐다. 선생님은 우리와 놀았다. 눈이 오면 요새를 만들어 전쟁놀이를 했다. 모자 살 돈이 없는 우리를 위해 모자도 사주셨다.
> 우리가 아빠 페스탈로치에게 받은 교육은 수와 형 그리고 언어였다. 이를 통해 우리는 세상과 사람을 바르게 보는 법을 배웠다.

페스탈로치 학교에 다녔던 아이들은 대부분 가난하거나 고아였습니다. 그 아이들은 페스탈로치 학교에서 교육받고 탁월한 학자가 되었습니다. 페스탈로치는 다른 학교에서는 개에게나 어울리는 교육을 한다고 말합니다. 그러면서 주입식으로 가르치기보다는 인격부터 교화시켜야 한다고 말하죠. 페스탈로치는 아이들에게 수와 형 그리고 언어를 가르쳤습니다. 수학의 천재나 언어의 천재를 만들기 위해서가 아니라 분별력 있는 사람을 기르기 위해서였습니다.

특히 지리 학습이 뛰어났다. 페스탈로치 아빠는 산이나 들에 가서 관찰을 시켰다. 처음에는 높은 곳에 올라가서 거시적으로 관찰한다. 다음에는 계곡의 나무들을 직접 세분화해서 관찰한다. 멀리서 바라보기만 하는 것이 아니라 직접 가보기도 했다. 그리고 계곡 건너편에서 점토를 퍼다가 그날 보고 관찰한 산과 밭과 논을 직접 만들어보았다.

페스탈로치는 아이들이 실컷 자연을 관찰하고 그걸 점토로 만들어보게 하고는 다음날 다시 똑같은 지역에 아이들을 데려갔습니다. 같은 곳을 가되, 관찰 위치를 바꿔보는 거죠. 그러고는 다시 점토를 가져다 관찰한 것을 만들어보게 합니다. 이걸 계속 반복하다 보면 그 지역은 눈 감고도 정확하게 파악하게 됩니다. 이런 과정을 거친 후에 종이 지도로 공부를 계속하게 되면 어떨까요? 평면적인 지도를 보고도 입체적으로 상상할 수 있게 됩니다. 이것이 바로 페스탈로치가 이야기한 아이의 직관을 길러서 천재성을 깨우는 교육입니다. 페스탈로치는 매일 이런 수업을 함으로써 대단한 교육적 효과를 냈습니다. 그리고 유럽 전체에 센세이션을 일으키게 됩니다.

그런데 왠지 이런 교육법이 익숙하게 들리지 않습니까? 바로 칼 비테의 교육법과 굉장히 흡사합니다. 두 사람 사이에 어떤 교류가 있었던 것으로 보입니다. 두 사람은 지도 교육뿐만 아니라 언어 교육이나 인성 교육 등 겹치는 부분이 정말 많습니다.

칼 비테도 아들을 데리고 마을의 높은 곳에 올라가 관찰을 하고 지도를 그리게 했습니다. 그다음에는 서점에서 지도를 사다 아들이 그린 지도와 비교해보게 했습니다. 왜 그랬을까요? 바로 전체를 보는 시각을 길러주기 위해서였습니다.

역사 같은 인문학을 공부할 때는 지도가 필요합니다. 《아이네이스》를 읽은 후에 지도를 통해 아이네이아스가 어떤 경로로 이동했는지 알아보는 것이죠. 하지만 여기에서 끝나면 얻는 것이 별로 없습니다. 그런 이야기들은 그냥 인터넷에도 나오는 것이니까요. 더욱 깊숙이 들어가봐야 합니다. 아이네이아스가 이동한 땅들이 과거에는 어떤 나라에 속했고 그다음에는 어떤 나라로 변했으며 현재는 어떤 나라가 되었는지. 로마가 어떻게 확장되다가 갑자기 망했는지를 살펴보고 거기에서 어떤 교훈을 얻을지를 생각해보게 하는 것이 바로 인문학적인 지도 교육입니다.

칼 비테와 페스탈로치가 지도 교육을 했던 것은 바로 시공간을 입체적으로 파악하고 역사적으로 바라보게 하려던 것이죠. 그런 이해를 통해 어떻게 살아갈 것인가에 대한 답을 얻어가는 과정이 바로 인문학적 교육과정입니다. 이를 통해 앞으로의 역사가 어떻게 전개될 것인지, 지난 2,000년을 통해 앞으로의 2,000년을 예측할 수 있습니다.

페스탈로치와 칼 비테의 공통점

두 사람은 우선 지적인 교육에 앞서 인성 교육을 강조했습니다. 수학 교육과 언어 교육 그리고 상상력 교육을 대단히 중요하게 생각했습니다.

하지만 칼 비테는 페스탈로치 같은 전문 교육자가 아니었습니다. 그저 아들을 최대한 잘 키우기 위해 노력했던 아버지였을 뿐입니다. 칼 비테가 그리스 로마 신화나 인문고전으로 상상력을 교육했다면 페스탈로치는 수학과 철학을 통해 정확하고 체계적인 상상력 교육을 했습니다. 칼 비테의 상상력 교육은 선악을 구별하고 분별력을 키우는 지극히 개인적인 교육이었습니다. 페스탈로치와 칼 비테는 어린 시절 충분히 상상력을 발휘한 아이는 불행 속에서도 행복을 찾고 어려움 속에서도 즐거울 수 있다고 믿었습니다. 불행 속에서 행복을 찾는다는 것은 결국 미래에 대한 소망을 갖는다는 의미겠죠. 밝은 미래를 상상할 수 있어야 어려운 상황도 잘 극복해낼 수 있다는 것을 알았기에 아이의 상상력을 키워주기 위해 노력했던 것입니다.

칼 비테가 아들의 인생을 바꾸었다면 페스탈로치는 교육의 역사를 바꾸었습니다. 칼 비테가 인문고전을 들려주고 토론하는 정도였다면 페스탈로치의 인문학 교육은 플라톤의 구체적인 철학에 기초한 교육 사상을 실제 수업에 그대로 적용한 것이었습니다.

하지만 칼 비테의 교육법이 페스탈로치에게 영향을 끼친 것만은 확실합니다. 그리고 그 교육법은 페스탈로치의 제자들을 통해 구체화되었습니다. 결국 몬테소리, 프뢰벨 등의 교육학자들이 칼 비테의 영향을 받았다는 이야기입니다. 유럽의 교육 혁명이 칼 비테로부터 시작되었다고 해도 과언이 아닌 셈이죠.

평범한 우리 아이도
천재가 될 수 있다

: 칼 비테 교육법을 어떻게 적용할 것인가

· · ·

칼 비테는 자신의 교육법에 확신이 있었습니다. 그래서 다른 사람의 비난에도
흔들리지 않았습니다. 그리고 최선을 다해 아이를 가르쳤습니다. 칼 비테가 던
진 가장 위대한 메시지는 바로 어떤 부모든 아이를 천재로 만들 수 있다는 것이
었습니다. 특별한 아이가 천재가 되는 것이 아니라 당신의 평범해 보이는 자녀
들 모두 천재가 될 수 있다는 것이에요.

칼 비테가 될 필요는 없다

1818년 칼 비테는 《칼 비테 교육법》이라는 자녀 교육서를 썼습니다. 페스탈로치의 권유에 따라 자신의 경험담과 조기교육의 필요성을 써 내려간 이 책은 기대와는 달리 한동안 별로 주목받지 못했습니다. 편집 순서도 엉망인 데다 무엇보다 분량이 어마어마했다고 합니다. 당시 제책製冊 기준으로 1,000페이지가 넘었다고 하니까요. 지배 계급이 칼 비테의 책이 알려지는 것을 싫어해서 쥐도 새도 모르게 없애버렸다는 설도 있습니다. 그러다 하버드 대학교의 레오 위너 교수에 의해 세상에 알려지게 됩니다. 이후 이 책은 영재 교육의 '경전'으로 불리며 많은 사람들에게 감명을 주었습니다. 이 책을 영어로 옮겼던 레오 위너 교수 역시 아이들에게 칼 비테식 교육법을 적용해보았다고 합니다. 그 결과 아들 너버트 위너는 열 살에 대학에 입학했고 열네 살에 하버드 대학교에서 박사 학위를 받았으며 스무 살부터 대학 강단에서 학생들을 가르치는 천재가 되었습니다.

그렇다고 우리 모두가 칼 비테처럼 아이를 가르쳐야 하는 것은 아닙니다. '칼 비테의 교육법을 어떻게 따라하나?'라며 한숨 쉴 필요는 없습니다. 칼 비테가 갓난아이에게 《아이네이스》를 읽어줬다고 해서 우리도 신생아의 귀에 대고 열심히 책을 읽어줘야 하는 것은 아닙니다.

우리는 지혜를 발휘해야 합니다. 만약 당신이 동양의 칼 비테가 되고 싶다면 한번 시도해봐도 좋습니다. 하지만 쉬운 일은 아닐 것입니다. 단, 저는 여러분이 여태껏 미처 생각해보지 못했던 부분에 대해 생각해보는 시간을 가졌으면 좋겠습니다.

아이가 학령기에 접어들면 많은 부모가 고민합니다. 어떻게 영어를 시작할지, 수학은 선행학습을 시키는 것이 좋은지, 어떻게 과학적인 흥미를 키워줄지, 피아노는 어디까지 치게 할지에 관심이 집중되죠. 하지만 이런 것은 일종의 가짜 지능입니다. 일찍부터 공부를 시작했다고 성취가 높아지지는 않습니다. 일찍 공부를 시작한 아이들이 좋은 대학에 간다는 보장도 없죠.

그것보다 아이의 도덕성을 키워 아이가 인격적으로 성장하게 하면 성적은 저절로 따라온다는 것을 이해하는 것이 먼저입니다. 칼 비테는 이런 사실을 깨닫고 일찍부터 도덕 교육을 강조했습니다. 그러니 칼 비테의 교육법을 따르고 싶다면 우선 칼 비테가 어떻게 도덕 교육을 했는지 깨닫고 어떻게 우리 아이의 도덕성을 발달시킬지 고민해보아야 합니다. 강남 8학군이 말하는 교육의 정의가 아니라 칼 비테와 페스탈로치가 증명한 교육 이론에 한 표를 던져보자는 말입니다.

물론 한국을 지배하는 교육적인 정서와는 상반된 내용이긴 합니다. 그렇기에 소신이 필요하죠. 소신이 없으면 아이에게 의심하는 태도, 흔들리는 태도를 가르칠 수밖에 없습니다. 그렇다면 굳이 인문고전을 읽히는 등의 특별한 교육은 필요가 없습니다. 차라리 그냥 다른 사람처럼

제도 교육에 밀어 넣는 것이 나을 수도 있습니다.

자녀 교육에는 내가 옳다고 믿는 새로운 교육의 길을 흔들림 없이 걸어가는 신념이 필요합니다. 옆집 아이가 어려운 수학 문제를 풀고 영어로 거침없이 말한다고 해도 불안해할 필요가 없습니다. 한국 교육이 잘못되어 있고 진짜 교육은 따로 있다는 것을 깨닫고 그런 진짜 교육을 통해서만 내 아이의 잠재력을 최대한 끌어낼 수 있다고 믿어야 합니다.

고정관념에서 탈피하라

독서에 대해 가지고 있는 고정관념을 조금 깼으면 좋겠습니다. 책을 많이 읽고 내용 파악을 잘하는 것이 무조건 좋은 것은 아니라는 뜻입니다. 칼 비테는 독서의 중요성을 강조하면서도 책을 너무 많이 읽히면 오히려 큰일 난다고 했습니다. 그래서 아이가 오랜 시간 꼼짝하지 않고 책을 읽은 날에는 아이를 혼내고 얼른 나가서 친구들과 놀게 했습니다.

조기교육 열풍에 휩싸이면서 어릴 때부터 책을 많이 읽어주는 부모들이 늘었습니다. 아이가 책을 잘 보면 기뻐하며 더 열심히 보게 하죠. 하지만 너무 어릴 때부터 책을 많이 접하면 다른 사람과 소통을 잘하지 못하고 혼자만의 세계에 빠져버리게 됩니다. 이런 걸 '초독서증'이라고 부르죠. 초독서증에 걸린 아이들은 책을 많이 보고 내용을 줄줄 외워대지만 실은 그 의미를 제대로 파악하지 못합니다. 아직 성숙하지 않은 뇌에 일방적으로 텍스트를 주입한 결과 '유사 자폐' 현상이 일어나는 것입니다. 미국에서도 욕심 많은 부모들이 강제로 책을 읽히는 경우가 있었습니다. 그런데 연구 결과 이런 경우 오히려 두뇌가 망가질 수도 있다는 사실이 밝혀졌습니다.

칼 비테도 이런 사실을 정확히 지적하고 있습니다. 그러고는 아이의 두뇌가 망가지는 이유는 놀지 않아서라고 말하죠. 어린이들은 놀아야 합니다. 기쁘게 책을 읽는 것뿐만 아니라 신나게 노는 것도 중요합니다. 건강한 마음으로 책도 읽어야 하는 것입니다. 칼 비테는 아이가 행복하게 책을 읽기를 바랐습니다. 독서의 기쁨을 알면 지능은 저절로 깨어나니까요.

교과서 밖으로 떠나는 여행

아이가 무언가에 호기심이 생기면 교육적 차원에서 여행을 훌쩍 떠나보는 것은 어떨까요? 칼 비테 역시 넉넉하지 않은 사정에도 아이와 함께 여행을 자주 떠났습니다. 아이가 마르코 폴로의 《동방견문록》을 읽고 동방을 느끼고 싶어 하면 박물관에 갔습니다. 그리스 고전을 읽고 지중해에 가보고 싶어 하면 지중해까지 가기도 했죠.

여기서 여행이란 단순한 기분 전환이 아니었습니다. 자연을 느끼고 생생한 학습을 하는 일종의 체험 학습이었습니다.

요즘에는 외국에 나가는 사람들이 많지만 주로 맛있는 것을 먹고 관광 명소에 들르는 것이 전부인 경우가 많습니다. 게다가 패키지여행을 신청한다면 여행 시간의 반 이상을 쇼핑센터에서 의미 없는 물건들을 구경하다 돌아올 수밖에 없습니다. 이런 여행은 아무리 자주 다녀도 견문이 넓어지기 쉽지 않습니다. 이제는 아이의 호기심을 채워주는 교육적인 여행을 한번 계획해보시기 바랍니다.

굳이 돈이 많이 드는 해외여행이 아니더라도 괜찮습니다. 집 주변에 있는 박물관, 미술관, 음악회 등에 가서 살아 있는 교육을 해보는 겁니다. 직접 가서 보고 듣고 느낀다면 책에서 읽은 것들이 머릿속에서만 맴도는 대신 아이의 몸속에 생생하게 스며들 것입니다.

흔들림 없이 걷는 부모 되기

어떻게 도덕 교육과 인성 교육을 할지 계획을 짜봤으면 좋겠습니다. 보통 아이를 교육한다고 생각하면 몇 살엔 영어, 몇 살엔 수학을 가르칠지에만 집중할 뿐, 인성 교육에 관심을 갖는 분은 거의 없습니다. 하지만 페스탈로치와 칼 비테는 지식 교육보다 도덕 교육과 인성 교육이 중요하다고 강조했습니다. 이것만은 변하지 않는 진리입니다.

도덕 교육과 인성 교육을 시키고 싶어도 언제 어떻게 할지 막막하실 겁니다. 그럴 때는 아이에게 반드시 가르쳐야 하는 것, 아이가 꼭 지켜야 하는 원칙 등을 적어보는 것으로도 큰 도움이 됩니다. 그런 원칙을 되새기다 보면 부모도 거기 걸맞게 행동하게 됩니다. 그리고 갈등이 벌어졌을 때 판단하는 기준도 명확해집니다.

정답은 부모와 아이에게 있다

《칼 비테 교육법》을 잘 읽고 나랑 맞는 것이 무엇인지 생각해본 다음 자신만의 교육법을 만들어도 좋습니다. 너무 원대한 계획을 세우기보다 서너 개만 실천해봐도 충분할 거예요. 그것만 해도 쉽지 않을 것입니다. 어떤 부모가 될 것인지 교육 계획표를 짜도 좋습니다.

칼 비테의 교육이 모두 정답은 아닙니다. 칼 비테와 우리가 사는 시대가 다르니까요. 어떤 식으로 교육할지는 각자 계속 고민해야 합니다.

《탈무드》에는 마지막 페이지가 비어 있습니다. 어떤 식으로 출판하든 마지막은 항상 백지로 남겨둡니다. 그 빈 페이지에 자신의 생각을 써 넣으라는 의미입니다. 《탈무드》에는 수많은 교훈이 있지만 결국 자신의 문제는 스스로 해결해야 한다는 메시지죠.

저도 마지막은 빈 페이지로 남겨놓겠습니다. 여러분이 각자의 교육법을 만들어보시길 바라는 마음에서 말이에요. 오랜 시간 읽어주셔서 감사합니다.

당신은 어떤 교육을 하고 싶나요?

칼 비테 교육이 처음인 부모를 위한 가이드

Q. 칼 비테는 물론이고 그의 교육법에 따라 아이를 천재로 길러낸 사람들을 보면 기본적으로 다들 고학력의 능력자들이었던 것 같아요. 저는 인문고전을 읽기도 어렵고 그것으로 아이와 토론하는 것도 어렵게 느껴집니다. 저 같은 부모는 어떻게 인문고전 교육을 하면 될까요?

A. 지금껏 해본 적이 없어서 그렇게 느끼는 거예요. 지금부터 인문학 공부를 시작하세요. 하루에 한 시간, 아니 30분만이라도 꾸준히 책을 읽으시면 1년 안에 꽤 많은 지식을 갖추게 될 거예요. 인터넷에 떠도는 인문학 동영상 강의도 도움이 됩니다. 무조건 어렵다고 생각하지만 절대 어렵지 않아요. 예를 들어 《논어》를 보시면 어디선가 들어본 내용이 제법 있을 거예요. 이미 학창 시절 한문 시간에 만났던 것들이죠. 그렇게 책과 동영상으로 3년 정도 공부한다면 아이와 충분히 토론할 수 있는 실력을 갖추게 됩니다. 고민하지 말고 오늘부터 시작하세요.

Q. 초등학교 3학년 여자아이의 엄마입니다. 아이가 만화책을 즐겨 봅니다. 아이에게 인문고전을 읽히고 싶은데 어떻게 하면 좋을까요?

A. 초등학교 3학년이면 그냥 좋아하는 책을 마음껏 읽게 내버려두는 것이 좋습니다. 인문고전은 사춘기가 시작되는 5학년 때부터 읽히면 됩니다. 우리 때는 중학교 2~3학년 정도에 사춘기가 시작되었는데 요즘 아이들은 빠르더라고요. 앞으로 2년 정도 남았으니 그동안 엄마가 《논어》와 플라톤을 읽으면서 준비하면 되겠습니다.

Q. 칼 비테는 아이에게 모든 책을 원서로 읽혔다고 하더군요. 그렇다면 우리도 인문학 원서를 읽기 위해 라틴어와 그리스어를 배워야 할까요?

A. 본인이 무엇을 원하느냐에 따라 다릅니다. 그 책들을 원서로 보고 싶다는 욕망이 주체되지 않을 만큼 강하다면 공부해보는 것도 나쁘지는 않습니다. 저도 예전에 수메르어부터 라틴어까지 배우려다가 그만둔 적이 있습니다. 나중에는 별 의미가 없어 보였거든요. 제가 인류의 역사를 바꿀 것도 아닌데 어설프게 원서를 읽겠다고 고생만 하고 시간을 흘려보내기보다는 제게 익숙한 동양 고전을 원전으로 읽기로 마음먹었어요. 그렇게 정리를 하고는 더 이상

외국어를 배우려는 시도를 하지 않았습니다. 혹시 외국어를 써먹을 일이 있겠다 싶은 분들은 배워봐도 좋겠죠. 원서로 읽으면서 저자의 의도를 정확하게 알고 싶은 분들은 한번 시도해보세요. 하지만 그냥 폼이나 잡아보겠다고 외국어를 배우는 것은 의미가 없다고 생각합니다.

Q. 전작인 《내 아이를 위한 인문학 교육법》에서 초등학교 5학년부터 인문고전을 시작하라고 권하셨습니다. 저희 아이는 지금 초등학교 4학년이에요. 내년에 인문고전 공부를 시작하기 위해 올해는 무엇을 준비하면 될까요?

A. 아무것도 준비할 필요가 없습니다. 아이는 지금처럼 잘 놀게 하고 부모만 하루 30분씩 인문고전을 읽으세요. EBS의 교육 관련 다큐 중에도 좋은 것이 많더군요. 선진국의 교육을 자세히 취재한 프로그램들을 틈날 때마다 보는 것도 좋겠습니다.

Q. 아이에게 책 말고 신문을 읽히는 것도 도움이 될까요?

A. 제가 교사일 때 NIE 수업(신문을 활용한 수업)이라는 것이 있었어요. 저는 아주 싫어하는 수업이었죠. 완전히 주입식이었거든요. 그런데 지금은 어느 정도 찬성하는 입장이에요. 그렇게라도 신문을

접하는 것이 낫다는 생각이거든요. 대신 최소한 두 종류 이상의 신문을 보여주길 권합니다. 신문을 읽으면서 하나의 사안에 대해 이 시대의 지식인들이 어떤 시각으로 어떤 이야기를 하는지, 왜 그렇게 이야기하는지를 생각해보는 시간을 가지면 좋습니다. 그 안에서 비판적인 사고가 자라겠죠. 자기 의견도 갖게 되고요.

Q. 아이를 미술관이나 음악회에 데려가는 것이 좋다는 것은 알고 있습니다. 그런데 그런 곳에 가기 전에 어떤 책을 읽고 준비해야 할지 모르겠어요.

A. 어떤 학생이 소음 하나 없는 공간에 참고서, 문제집, 필통, 연필, 지우개 등이 완벽하게 갖추어져야만 공부를 할 수 있다고 가정해볼까요? 과연 그 학생은 공부를 잘할까요, 못할까요? 잘할 수가 없겠죠. 어떻게 매번 완벽한 상황이 주어지겠습니까. 음악회나 미술관도 마찬가지예요. 아무것도 모르면 모르는 대로 그냥 가면 됩니다. 완벽하게 준비된 상태에서 미술관이나 음악회에 가야 한다고 생각하면 절대 가지 못합니다. 그러니 아무런 준비 없이 가서 멍하니 그림을 보거나 음악을 듣는 거죠. 미술관이나 음악회에 가서 팸플릿 등에 쓰여 있는 글자들만 봐도 좋습니다. 뭔가를 알아야 한다는 강박관념을 버리세요. 그러다 자연스럽게 궁금한 것이 생기면 손에 쥐고 있는 스마트폰에 검색어를 넣고 찾아보세요. 좀 더 깊이

있게 알고 싶다면 책을 찾아보게 되겠죠. 이런 과정을 통해 점점 실력이 쌓이고 지식도 깊어집니다.

―――――

Q. 일곱 살과 세 살인 두 아이의 엄마입니다. 부모가 어디까지 통제하고 어디까지 아이의 자율에 맡겨야 할까요? 아이가 밤늦게까지 자지 않고 인형놀이를 하다가 12시가 넘어서야 잠든 적도 있습니다. 칼 비테는 아이에게 시간표를 짜보게 했다던데 어디까지 자율성을 줘야 하는지 궁금합니다.

A. 자율과 통제가 태극의 무늬처럼 함께 가는 것이 좋지 않을까요? 아이가 늦게 자는 집은 부모가 늦게 자는 경우가 많습니다. 저희 집도 조금 그런 편이에요. 아내와 제가 늦게 자니까 아이도 자꾸 늦게까지 있으려고 하더군요. 아이가 계속 늦게 잔다면 취침 시간을 정해놓고 일단 아이를 재우는 것이 좋습니다. 엄마 아빠가 밤늦게까지 깨어 있고 싶다면 아이와 함께 잠자리에 들었다가 아이가 잠들면 다시 일어나서 하려던 일을 하면 되죠. 아이가 어리기 때문에 통제라는 말보다는 '관리'라는 표현이 정확하겠네요.

그런데 관리해줄 것이 취침 시간만은 아닙니다. 만일 아이가 만화책만 읽는다면 다른 책도 골고루 읽도록 관리해주는 것이 좋습니다. 정확한 규칙을 정해두고 잘 지키면 상을 주고 지키지 않으면 벌을 주는 방식도 괜찮습니다. 그래야 학교에 들어가서 학교생활도 잘할 테니까요.

아이가 어릴 때는 많이 관리하고 통제하는 것이 좋다고 생각합니다. 하지만 아이를 불행하게 하는 관리와 통제는 곤란합니다. 요즘에는 부모가 잠깐만 한눈을 팔면 아이가 위험에 노출되곤 하니까 그런 위험을 막기 위해 관리와 통제를 하는 것이 좋다는 뜻입니다. 그런데 아이를 너무 관리하고 통제하다 보면 창의성이 떨어질까봐 걱정하는 분도 계십니다. 일상생활에서 절제해야 하는 부분을 마음대로 하도록 풀어준다고 해서 창의력이 생기지는 않습니다. 사실 창의력은 인간이 갖기 정말 힘든 것이에요. 주위를 둘러봐도 창의적인 사람이 거의 없습니다. 서울대를 나온 수재들도 뛰어난 것은 맞지만 그렇다고 창의적인 것은 아닙니다. 그만큼 창의력은 키우기가 쉽지 않습니다. 부모의 강압적인 통제로 창의력이 안 생겼다? 그렇지는 않은 것 같습니다. 자신의 분야에서 최고의 경지에 이른 예술가 중에는 어린 시절 오히려 부모에게 학대에 가까운 통제를 받은 사람들이 많습니다. 그걸 이겨내는 과정에서 창의력이 길러졌던 거죠.

유대인들은 아이들을 강하게 통제하고 엄격하게 교육하며 공부를 많이 시킵니다. 고등학교를 졸업할 때쯤 아이들은 거의 1만 권의 책을 읽게 되죠. 미국에 살고 있는 유대인들은 아이가 초등학생일 때부터 학교에서 돌아오면 간단히 간식을 먹이고 다시 학교에 보냅니다. 유대인 학교에 보내는 거죠. 아이들은 그곳에서 랍비와 함께 토론을 합니다. 엄청나게 학습량이 많습니다. 대신 실제 학습 과정에서는 아이의 자율성이 최대한 보장됩니다. 아이 한 명에 랍 비 한 명이 붙어 대화하고 토론하면서 아이의 인격을 최대한 존중 해줍니다. 그러니까 큰 통제는 이루어지는 대신 그 안에서 지혜롭 게 자율을 주는 셈이죠.

칼 비테 역시 아이를 마음대로 내버려두는 것이 아이를 존중하는 것은 아니라고 말합니다. 아이들은 아직 판단 능력이 제대로 생기 지 않았기 때문에 부모가 해도 되는 것과 안 되는 것을 정확하게 가 르쳐주고 말과 행동으로 모범을 보여야 아이가 좋은 품성을 가질 수 있습니다. 그러므로 아직 아이가 어릴 때는 통제를 많이 해야 합 니다. 대신 차갑고 냉정한 통제가 아니라 따뜻한 통제를 해야 합니 다. 따뜻한 통제란 아이에게 자세히 설명해주는 것입니다. 아이가 밤늦게까지 놀고 싶다고 하는 경우 큰 소리로 "안 돼!"라고 윽박지 를 것이 아니라 "밤에 잠을 자지 않고 네 마음대로 놀다가 늦게 자 면 내일 제대로 놀지 못할 거야."라고 이야기해주는 것이죠. 그 과 정을 통해 아이가 느끼고 스스로 행동하게 하는 것이 좋습니다.

Q. 칼 비테는 아이가 나쁜 친구를 멀리하도록 가르치라고 했습니 다. 그런데 그와는 달리 만일 내 아이가 왕따를 당한다면 어떻게 대처하는 것이 좋을까요?

A. 제가 교사 시절 관찰해본 결과 보통 아이들이 왕따를 당하는 패턴에는 두 가지가 있었습니다. 하나는 아이가 잘 씻지 않는다든지, 말이 어눌하다든지, 또래 집단의 유행을 이해하지 못한다든지 하는 경우 왕따를 당했습니다. 해당 아이의 잘못이라기보다는 따돌리는 아이들 자체가 아직 미성숙한 상태라서 그런 아이들은 함부로 대해도 된다고 생각하는 거죠. 또 하나는 또래 집단의 심술궂은 리더가 자기보다 힘이 약하거나 눈에 거슬리는 애를 왕따시키자고 다른 아이들에게 제안하는 경우입니다.

그런데 왕따를 시키려고 해도 왕따당하지 않고 잘 지내는 아이들이 있습니다. 그 아이를 받아주는 다른 집단이 있기 때문이죠. 아이가 다른 또래 집단에 들어가면 원래 또래 집단에서 아무리 열심히 왕따를 시켜도 소용이 없어요. 그러니까 아이 스스로 집단을 만들거나 다른 집단에 들어가면 왕따 피해는 거의 입지 않습니다. 아이에게 그런 것을 설명해줘야겠죠. 자신이 소속된 집단에서 잘 지내려면 친구들의 기분도 맞춰주어야 합니다. 피곤한 일이긴 하지만 아이가 스스로 풀어나가야 합니다. 이때 부모는 아이에게 자신감과 용기를 계속 심어줘야 해요. 엄마 아빠는 언제나 네 편이니까 힘든 일이 있으면 언제라도 이야기하라고 격려해주는 겁니다.

아이 혼자 풀어나가는 것이 가장 좋지만 아직 어린아이들에게는 쉬운 일이 아니에요. 그럴 때는 부모가 조금 적극적으로 나서도 좋습니다. 예전에 저희 반에 약간의 지적인 문제가 있는 남자애가 있었어요. 하지만 그 아이는 전혀 왕따를 당하지 않고 잘 지냈습니다. 그 아이의 부모가 다른 남학생의 부모와 친해서 미리 아이에게 잘 지내달라고, 잘 도와달라고 부탁했던 것이죠. 다른 남학생이 나서서 그 아이를 보호해주자 다른 친구들도 잘 대해줬던 것입니다. 아이 혼자 잘 풀지 못한다면 엄마가 그 반에서 가장 리더십이 있어 보이는 아이의 엄마를 찾아가 솔직히 이야기하고 협조를 구하는 것도 방법입니다. 아이들이 엄마 말을 듣겠냐고 하지만 아직 어린 아이들은 순진하기 때문에 부모의 이야기를 잘 따릅니다. 일단 아이들이 왕따를 당하면 위축된 상태이기 때문에 스스로 해결하기가 쉽지 않더군요. 그럴 때는 어른들이 상황을 정리해주면 의외로 쉽게 문제가 풀릴 수도 있습니다. 부모의 노력으로 한 집단 안에 들어가게 되면 그 안에서 아이들은 잘 지냅니다.

Q. 역시 친구 관계에 대한 질문입니다. 형편이 어려운 가정이 모인 동네라서 혼자 방치되어 오랜 시간 밖에서 노는 아이들이 많습니다. 아이가 불량해 보이는 또래들과 어울리면 어떻게 하는 것이 좋을까요? 부모가 그 무리와 놀지 못하게 하면 아이가 상처받을까봐 고민됩니다.

A. 아이가 많은 인간관계를 경험하는 것이 좋긴 합니다. 하지만 불량한 무리와는 절대 섞여서는 안 되지요. 나쁜 것은 늦게 겪을수

록, 아니 가능하면 겪지 않을수록 좋습니다. 아이가 불량한 행동을 하는 아이들과 어울린다면 부모가 적극적으로 나서서 말려야 합니다. 아이와 터놓고 이야기하는 것도 좋고요.

그런데 가난한 동네에 사는 아이들이 꼭 불량한 것은 아닙니다. 세속적으로 좋은 환경처럼 보이는 곳에서 사는 아이들이 모두 괜찮은 아이들인 것도 아니고요. 오히려 그런 동네에 정서적으로 병든 아이들이 많을 수도 있습니다. 저는 경제적으로 부유한 동네와 어려운 동네에서 모두 교사 생활을 해봤어요. 그리고 가난한 동네의 아이들이 훨씬 진실한 인간관계를 맺는 것도 봤고요. 다른 관점으로 보면 부유한 지역에 사는 아이들보다 더욱 나은 점을 발견할 수도 있습니다. 가난한 동네에는 가슴이 뜨거운 아이들이 더 많았습니다. 잘사는 아이들 중에는 '세상을 바꾸겠다.'는 포부를 가진 아이들이 없어요. '그냥 학원이나 그만 다녔으면 좋겠다.'라고 투덜대는 것이 전부죠. 그런데 어려운 동네 아이들은 자기 형편도 그렇게 넉넉지 않은데도 자신보다 어려운 친구들을 보면 세상이 잘못되었다며 정의롭게 행동하는 경우가 많아요.

어쨌든 부모가 자녀의 교우 관계에 개입하기 전에 자세히 들여다보는 것이 좋습니다. 아이가 친구들과 어떤 관계를 맺었고 어떤 일들을 함께하는지 주의 깊게 관찰하는 것이죠. 그리고 그 친구들이 부모의 관리가 없어 일찍 나쁜 것에 물들었고 정말로 불량한 행동을 한다면 적극적으로 개입해서 그 아이들과의 관계를 정리해주는 것이 좋습니다. 물론 그전에 아이와 터놓고 대화부터 하는 것이 중요하겠죠.

Q. 칼 비테의 교육법을 초등학교에 대입할 수 있을까요?

A. 현실적으로 불가능합니다. 칼 비테의 교육 방식을 따르려면 20분 공부하고 40분은 놀아야 합니다. 그런데 학교에서는 그럴 수가 없죠. 다만 이런 교육 방식이 있다는 것을 알고 대안을 찾아나갈 수는 있습니다.

Q. 사회의 부품으로 자라난 제가 위대한 칼 비테나 페스탈로치의 교육법을 흉내 낸다고 해서 아이를 제대로 교육할 수 있을까요?

A. 독서와 실천을 통해 사회의 부품에서 벗어나 삶의 주도권을 쟁취하세요. 주입식 교육은 깨뜨리기 쉬워요. 지금껏 그런 교육을 받았는데 이제 와서 바뀔까 의심스럽겠지만 얼마든지 달라질 수 있습니다.

Q. 인공지능 시대를 살아갈 우리 아이들에게 어떤 교육을 해야 할까요?

A. 인공지능 시대 아이들에게 필요한 것은 스스로 생각하는 힘입니다. 미래에 인간은 인공지능에게 지시를 받는 사람과 인공지능에게 지시를 내리는 사람으로 나뉠 것입니다. 창조적으로 생각하는 사람이 미래의 리더가 될 겁니다. 지식 위주의 공부는 더 이상 유효하지 않아요. 그런 것은 인공지능이 훨씬 잘하죠. 비교가 되지 않습니다. 대표적인 인공지능 왓슨은 1초에 책 100만 권 분량의 정보를 처리한다고 합니다. 도저히 우리가 당해낼 수가 없죠. 그러니 이제 외워서 정답을 맞히는 지식 위주의 공부가 아니라 스스로 생각하는 힘을 길러주는 공부가 필요합니다. 가장 필요한 것은 역시 독서겠죠. 저는 아이에게 컴퓨터, 물리학, 수학만큼은 잘 가르쳐주고 싶어요.

Q. 직장을 그만두고 전업 주부가 되었습니다. 그동안 회사에서는 일을 잘하는 사람이었는데 이제는 하루 종일 가사와 육아에 전념하는데도 모든 것이 서툴러 신입 사원 시절로 돌아간 기분입니다. 아이를 내면이 튼튼한 사람으로 기르고 싶지만 어떡해야 할지도 모르겠고 조바심만 나요. 어떡하면 좋을까요?

A. 우리 역시 교육을 잘못 받아왔기 때문에 그렇게 조바심이 나는 것이 아닌가 생각합니다. 학창 시절 우리가 배웠던 모든 것이 결과를 내기 위한 것이었잖아요. 어떻게든 시험만 잘 보기 위해 족보를

찾고 족집게 과외를 받았죠. 아이를 어떻게 키울까라는 고민은 아예 버리셔도 괜찮을 것 같아요. 그렇게 결과에 집착하다 보면 아이와 소통이 되지 않습니다. 내면이 튼튼한 아이로 키우겠다는 다짐은 하지 않으셔도 됩니다. 자칫 집에서만 내면이 튼튼하고 사회에서는 바보가 될 수도 있습니다. 엄마와 아이의 관계는 나중에 아이와 사회의 관계로 발전합니다. 그러니까 그냥 아이를 인격적으로 대접하고 편안하게 대화하시면 됩니다. 아이의 내면을 튼튼히 하려는 대신 엄마부터 내면이 튼튼한 사람이 되시길. 일단 엄마의 내면이 튼튼해지면 아이는 저절로 튼튼하게 자랄 것입니다.

Q. 바른 인성을 가진 아이로 키우려면 어디에 가장 중점을 두어야 할까요?

A. 부모가 그렇게 살면 됩니다. 아이는 그대로 배우니까요. 칼 비테도 그 점을 강조했습니다. 우리의 교육이 실패하는 이유는 아이를 바꾸려고 하기 때문입니다. 아이는 부모의 모습을 그대로 보고 배웁니다. 아이를 앉혀놓고 뭔가 타이르고 가르치는 것이 교육은 아닙니다. 사실 진짜 교육은 부모의 삶을 통해서 이루어집니다. 그러니 부모가 정신을 차리고 열심히 살면 됩니다. 그러면 아이들은 이런 생각을 하겠죠. '어떻게 하면 엄마 아빠처럼 살 수 있을까?' 사실 아이들에게 말은 잘 들리지 않습니다. 행동만 잘 보이죠. 어려

운 사람을 도와야 한다고 말할 것이 아니라 부모가 몸소 어려운 사
람들을 도와주어야 합니다.

Q. 뚜렷한 교육적 가치관을 정립하고 아이를 키우고 싶습니다. 어
떤 점에 초점을 맞추면 좋을까요?

A. 나는 흔들리지 않겠다는 결심을 하면 됩니다. 사실 우리는 뭐가
진짜 교육인지 알고 있어요. 아이가 녹초가 되도록 사교육 시장에서
뺑뺑이를 돌리는 것이 맞는지, 아니면 독서와 사색을 통해 아이를
내적으로 성장시키는 것이 중요한지를 말이죠. 자신이 옳다고 생각
하는 것을 선택하고 물러서지 않는 결단력과 다짐이 필요합니다.

내 아이를 위한 칼비테 교육법

초판 1쇄 발행 2017년 7월 28일
초판 9쇄 발행 2020년 10월 8일

지은이 | 이지성

발행인 | 박재호
편집팀 | 고아라, 홍다휘, 강혜진
마케팅팀 | 김용범, 권유정
총무팀 | 김명숙

디자인 | 이석운, 김미연
일러스트 | 백두리
원고정리 | 방인화
교정교열 | 윤정숙
종이 | 세종페이퍼
인쇄·제본 | 한영문화사

발행처 | 차이정원
출판신고 | 제25100-2016-000043호
주소 | 서울시 마포구 양화로 156(동교동) LG팰리스 814호
전화 | 02-334-7932 **팩스** | 02-334-7933
전자우편 | 3347932@gmail.com

ISBN 979-11-88388-02-8 (03370)

이 도서의 국립중앙도서관 출판예정도서목록(CIP)은 서지정보유통지원시스템 홈페이지(http://seoji.nl.go.kr)와 국가자료종합목록 구축시스템(http://kolis-net.nl.go.kr)에서 이용하실 수 있습니다.(CIP제어번호: CIP2017016720)